保育実践力アップシリーズ 2

子どもとつながる
子どもがつながる

保育の目のつけどころ・勘どころ

安曇幸子・伊野緑・吉田裕子・田代康子 編著
Azumi Sachiko　Ino Midori　Yoshida Yuko　Tashiro Yasuko

ひとなる書房

はじめに

　3月はじめ、生まれて間もない赤ちゃんが保育園を訪れました。新年度から、保育園へ通うための面接があるのです。年少クラスの子どもたちは、赤ちゃんの顔をのぞき込んで、「ちっちゃいねぇ」とびっくり。「名前は？」「女？　男？」「ぼくのお母さんのおなかにも赤ちゃんがいるんだー」と、赤ちゃんのママとの会話がはずみます。ママの腕の中で眠っていた赤ちゃんも、うっすら目を開け、まるでみんなの話に耳を傾けているかのよう。この赤ちゃんも、これからたくさんの人と出会って、たくさんの人に支えてもらいながら育っていくのでしょう。赤ちゃんの入園が待ち遠しくなるひとときでした。

　わたしたちは保育をする中で、まわりのおとなや友だちとの〈つながり〉が、一人ひとりの子どもの成長にとって、とても大事なことだと感じてきました。それは、いろいろな持ち味の仲間と自分らしくつながり、いっしょに心を動かす日々の中で、子どもたちの心が太く豊かに育っていく姿を目の当たりにしてきたからです。子どもたちには、一人の時間も大切にしながら、まわりと心地よくつながれるようになってほしい。そのために、わたしたちも子どもたちと深くつながっていきたいし、どの子も安心できる楽しい保育をつくっていきたい。そんな保育士としての願いが、この本の出発点です。

　本をつくる中で見えてきた、〈心地よいつながりづくり〉の第一歩は、子どもの何気ない行動に注目することでした。保育園には、いろいろな個性や感じ方を持った子どもたちが集まってきていて、最初はおとなも子どもも見知らぬ者同士です。だからこそ、今この子は何をしているのか、どんなことを考えていて、どうしようとしているのかと、目の前の子どもたちの様子に注目してみるのです。何かが〈できる・できない〉の見方ではなく、新しく見えてきたその子の世界に心を寄せることで、はじめて互いの思いを共有し、〈つながり〉を感じることができます。そしてそんな小さな〈つながり〉が、ほかの子にも、子ども同士にも、網の目のようにだんだん広がっていって、しだいに楽しいクラスになっていくのです。

　そんな〈つながり〉に関するエピソードを、本書では4章に分けて紹介します。

　1章の〈毎日の暮らしの中でちょっとずつつながる〉では、0歳児の赤ちゃんからはじまるつながりエピソードと、そこで大事にしていきたいポイントをまとめています。

2章の〈揺れてぶつかってつながる〉では、友だちとのぶつかり合いや一人ひとりの葛藤、その中で何に配慮していけばよいかのポイントとともに、そんな子どもたちとともに揺れる保育士の悩みや葛藤エピソードも集めました。

　3章の〈笑いと楽しさでつながる〉では、クラスみんなに広がる笑いのエピソードと、"おもしろい"を共有し合う楽しさについてまとめています。

　4章の〈いっしょに心を動かしてつながる〉では、小さなつながりを大事にするクラスの中で、クラスの一体感や仲間意識が育まれた長編実践を2つ紹介し、目の前の子どもたちとともに、自分らしい保育をつくりあげる大切さを書いています。

　保育園の一日は、とてもにぎやかです。泣いたり、笑ったり、怒ったり……子どもたちの声であふれています。みなさんは、どんな表情で子どもたちと向き合っていますか？
　「もちろん笑顔で！」──そう言いたいところです。何よりも子どもたちは、大好きなおとなが笑っている生活が好きです。いっしょにいるおとなが笑顔だと、それだけで心地よさが広がるのです。とはいっても、保育士だってひとりの人間です。子どもの心がつかめず、つい後ろ向きな気分になることもあれば、同僚や保護者との関係で悩み、表情が曇りがちになることもありますよね。そんなとき、この本を読んで「あるある、こういうこと」と笑いながら、子どもたちと向き合う視点を少し変えてみよう、日々のつながりづくりを楽しもうと思うきっかけにしてもらえたら幸いです。

2014年　春　　　　　　　　　　　　　　　　　編著者を代表して　安曇幸子

CONTENTS

はじめに 2
この本の構成と読み方 8

❶章 毎日の暮らしの中でちょっとずつつながる 9

1 なるほど、そう考えているんだ！ 10

もしかして、それって（0歳児クラス） 10
柵にゴツン！（0歳児クラス） 11
この本、みーつけた！（0歳児クラス） 11
ごめん、ごめん、悪かった（0歳児クラス） 12

保育の勘どころ ①おとなとのつながりから友だちとのつながりへ 13

2 わかってちょうだい、この気持ち！ 16

いいこと思いついちゃった！（1歳児クラス） 16
わかっているけど、食べたいの（1歳児クラス） 17
わたし、がんばったよね（1歳児クラス） 18
まねっこしてみたけれど……（1歳児クラス） 18
目力対決！（1歳児クラス） 20
わかってちょうだい、保育士の気持ち！（0歳児クラス） 20

保育の勘どころ ②保護者とも共有したい心地よい笑い 22

3 だんだん仲間になっていく 24

友だちと遊んでみたい……けれど（0歳児クラス） 24
なんだか友だちなんです（0歳児クラス） 24
おっぱい談義（1歳児クラス） 26
無言のつながり（1歳児クラス） 26
〈悲しい〉連鎖反応だけど……（1歳児クラス） 27
しんかんせん、入ってるの！（1歳児クラス） 28
助け合い？（2歳児クラス） 29
3人そろえば三人娘（2歳児クラス） 30
りんごの好きなヒナちゃん（2歳児クラス） 30

トイレはつながれるところ（2、3歳児クラス）31

保育の勘どころ ③目立たない子をこそクローズアップしよう 34

4 いろんな気持ちがあるんだね 35

親友ってなあに？（4歳児クラス）35

保育園好き？ 嫌い？（5歳児クラス）37

保育の勘どころ ④居心地のよいクラスづくりは日々の積み重ねから 40

2章 揺れてぶつかってつながる 41

1 みんなの思いが交差する 42

涙の伝染、とーまった！（0歳児クラス）42

押してダメなら引いてみる？（1歳児クラス）43

ここまでがんばったから、まっいいか（1歳児クラス）44

深ーいため息はお互い様（1歳児クラス）44

微妙なこの気持ち（2歳児クラス）45

保育の勘どころ ⑤トラブルはシークレットにしない 46

2 気持ちを立て直す・切り替える 47

みんなも心配してくれるし、食べようかな（1歳児クラス）47

消えたにんじん（1歳児クラス）48

ぼくのやり方（2歳児クラス）50

いっしょだねー（2歳児クラス）51

保育の勘どころ ⑥判定より切り替えを 52

3 笑って終わりがいいね 54

笑いが救う？（1歳児クラス）54

終わりよければ……（1歳児クラス）55

笑ってもらって、終ーわり（2歳児クラス）55

CONTENTS

  カメラさん！　事件です！（3歳児クラス）　56
  結婚していただきます！（4歳児クラス）　57
   保育の勘どころ　⑦笑って一件落着！　59

4　ケンカするほど仲がいい？　62
  ケンカは楽しい（3歳児クラス）　62
  わかっているよ（4歳児クラス）　63
  ワーッと燃え上がってスッキリ（4歳児クラス）　65
   保育の勘どころ　⑧対等な仲間関係が心地よさを生む　67

5　自分の気持ちをつかまえる・解き放つ　70
  ムシャクシャ家族VSニコニコ家族（4歳児クラス）　70
  友だちを拒否しているように見えて、じつは……（4歳児クラス）　72
  コヌマくんの園内行脚（4歳児クラス）　75
  仲よしの友だちがいれば、言える（4歳児クラス）　77
  ジャムパンがいい？　バターパンがいい？（5歳児クラス）　78
   保育の勘どころ　⑨悩み葛藤する子どもを支える　81

6　保育士も思い悩む　85
  先生、もう帰ってもいいです。（延長保育）　85
  思いを言えないリナちゃんだけれども（4歳児クラス）　86
  悩んで、悩んで、保育士もグッタリ（5歳児クラス）　89
  怠慢じゃないのか！（3歳児クラス）　93
   保育の勘どころ　⑩悩むからこそ保育士は成長できる　96

❸章　笑いと楽しさでつながる　97

1　笑いのある毎日をつくる　98
  笑いではじまる一日（2歳児クラス）　98

「なにやってんのー」って言ってよ（2歳児クラス）　99
シャベルカーのご飯、なんですか？（2歳児クラス）　100

　　保育の勘どころ ⑪笑いの渦で生まれる一体感　102

2　共通の文化を育む　104

自問自答の質問コーナー（2歳児クラス）　104
てんぐはいるかな？（2歳児クラス）　105
ことばあそびうたを楽しんで（2歳児クラス）　108
替えうたあそびに川柳ブーム（5歳児クラス）　109

　　保育の勘どころ ⑫おもしろがったことを〈クラスの文化〉に　111

3　〈ごっこ〉はつながる　113

食べ物やさんにお医者さん（2歳児クラス）　113
ママになったみたい？（3歳児クラス）　114
84歳の元気なおばあちゃん（5歳児クラス）　114
コヌマ大王ごっこ（4歳児クラス）　117
クラスをこえて営業中！（2〜5歳児クラス）　119

　　保育の勘どころ ⑬ごっこはすごい！　123

4章　いっしょに心を動かしてつながる　125

1　実践　小さな命を五感で感じる（3歳児クラス）　126

　　保育の勘どころ ⑭生き物との暮らしが育むもの　132

2　実践　ユッくんといっしょにつむぐ物語（4、5歳児クラス）　134

　　保育の勘どころ ⑮かけがえのない世界を仲間といっしょにつくる　152

おわりに　156

この本の構成と読み方

〈保育の目のつけどころ〉と〈保育士の胸のうち〉で楽しい保育づくりの舞台裏を大公開！

日々の保育の中でつい見過ごしがちな何気ないエピソードには、〈つながり〉づくりの宝物がいっぱい。
1章から3章には、そんな〈つながりエピソード〉を集めました。そして各エピソードについて、

　　　　・なぜ、その場面に目をとめたのか
　　　　・子どもの気持ちをどうとらえたのか
　　　　・どんな見通しで働きかけたのか
　　　　・そのときの保育士の思い……などを　保育の目のつけどころ　と　保育士の胸のうち　で解説。

あなたの今日の保育の中からも、つながりの芽ばえや、楽しい保育づくりの手がかりがきっと見つかります。

「こんなとき、どうする？」の判断を支える〈保育の勘どころ〉

保育の手だては、子どもによっても、保育士の持ち味によっても、そのときの状況によっても違ってきます。
だから、展開のしかたは多様であって当然。
けれども、わたしたちは揺れたり悩んだりする中、子どもの前で瞬時に判断しなければならないときもあります。
そんなときの手引きとなる根っこの考え方を、15個の　保育の勘どころ　にまとめました。

どこから読んでもOK！

エピソードはおおむね月齢順に、〈つながり〉が少しずつ広がり深まっていく流れに沿って並べました。
でも、実際の保育はいつも行ったり来たりしていて、順序よくすすむわけではありませんよね。
だから続けて読んでいただいてもOK、まずは自分の担当の年齢だけ拾って読んでいただいても、
興味あるテーマから先に読んでいただいてもOKです。
そんな日々のエピソードが積み重なっていくとどんなクラスになっていくかが知りたくなった方は、
4章の長編実践へとんでください。

表記のお約束

・" 　　　"は心の中のことば、「　　　」は声に出して話したことばです。
・個人が特定されるような事実関係は一部変更し、子どもの名前は原則仮名にしました。
・文末のローマ字は、書き手のイニシャルです。

1章
毎日の暮らしの中で
ちょっとずつつながる

　進級や新入園で新しい仲間や保育士と出会ったとき、新しいつながりがスタートします。まず重要なのは、"このクラスは安心できるよ"という保育士による〈空気〉づくり。保育士が子どもたち一人ひとりを公平に見つめ、心の動きをとらえ、成長を喜び合えるとき、子どもたちは"安心できるなぁ""心地がいいぞ"と感じられるのです。毎日の暮らしのちょっとしたことの中でつむがれていくこうした安心感や心地よさは、いわばお日様に干したばかりのフカフカのふとんのように、身を投げ出してもあたたかく受け止めてくれるような感じかもしれません。
　保育士が子どもたちをわかってきたと感じ、子どもも保育士にわかってもらえたと感じる、そんな信頼関係が土台になって、つながりは子どもたち同士へと広がっていきます。

| 1章　毎日の暮らしの中でちょっとずつつながる | 2章　揺れてぶつかってつながる |

1 なるほど、そう考えているんだ！
赤ちゃん視点にズームアップ。かかわりのヒントが見えてくるかも。

もしかして、それって
　　　　　　　　　　　　　　　　　0歳児クラス

　秋も深まってきた11月ごろ、絵本を見ながらそのページにある食べ物を「アーン」と食べてみたり、カバンを片手に「いってきまーす」と手をふってみたり、ごっこあそびも楽しめるようになってきた子どもたち。ある日のこと、マオちゃんが少しひざを曲げ、腰のうしろに両手をまわして前かがみになり行ったり来たり。まるでおばあさんのよう。思わず笑ってしまいましたが、とにかく本人は満面の笑み。その後何日もこの姿は見られ……。

　ある日、このポーズで体を左右に揺らし、おしりをポンポンたたきながら歩いているのを見たとき、"あっ！　もしかして……"。「おんぶ？」と聞くと、「うんうん」とうなずくマオちゃん。そのまままた行ったり来たり、マオちゃんの頭には何が浮かんでいるのかなー？　K

保育の目のつけどころ
あれ、何してるのかな？子どものちょっとした動きに注目。ときには何日も見続けることで、バラバラの点だった姿があるとき一本の線になって、"なるほど！"とその子のつもりがわかることも。そんな瞬間が、子どもとつながる第一歩。

3章　笑いと楽しさでつながる　　　　4章　いっしょに心を動かしてつながる

柵にゴツン！
O歳児クラス

　ようやく腹ばいで動けるようになったハルちゃん。世界もぐんと広がりました。ある日、部屋の隅においてあるベッドの近くへ移動していくハルちゃん。ところがベッドの柵が下におろしてあったので、柵に頭をぶつけて泣きだしてしまいました。"あらっ！"とあわてて近づこうとすると、なんとハルちゃん、泣きながらまた自分で頭を柵へ近づけゴツン。"何してるんだろう？"と見ていると、今度は頭をゆっくり柵へ近づけ、そっとコツン。次にはコツンとしない程度にうまく頭を柵へ近づけ止めていました。「ハルちゃん、試してみたの？」と思わず声をかけてしまいました。Y

保育の目のつけどころ

"どのくらいの強さでぶつかったら痛いのか"と、まるで実験していたかのよう。あんまり痛そうだったらすぐ抱きとめてあげますが……。子どものつもりって、待ってはじめて発見できるものかもしれません。

この本、みーつけた！
O歳児クラス

　6月のある日。4月生まれのミミちゃんが、本棚の前で本を抜き出してはバン！　バン！　と床に落としています。"出すことがおもしろいのかな"と見ていると、どうも落とす前にちらっと本を見る、落としたあともちらっと見るをくり返しているのです。"もしかして……？"と様子を見ていると、"やっぱり！"。何冊目かの本を抜き出したとき、裏表紙を見て、"あ、これこれ"とばかりにページをめくりだしたのです。その本は、シリーズの中の1冊で、どれも同じような装幀だと思っていましたが、よく見ると、たしかに裏表紙は絵柄が違っていたのです。表と裏の絵柄の違いを赤ちゃんに教えてもらうなんて！　タイトルは読めないミミちゃんは自分のお気に入りの本の裏表紙の絵を覚えていて、それを探すために本を次々落としていたのです。
　散らした本の上へドンと座って本を見ていたミミちゃん。わたしの視線に気づいて、"いっしょに見よう！"という感じで、「はい！　はい！」と本を手に膝に乗ってきました。Y

保育の目のつけどころ

「本を散らかさないで」と言いたくなる場面。でも、ミミちゃんなりの理由があるかもしれない……と見守ることで、ミミちゃんとつながるチャンスをつかむことができました。

1　なるほど、そう考えているんだ！

| 1章　毎日の暮らしの中でちょっとずつつながる | 2章　揺れてぶつかってつながる |

ごめん、ごめん、悪かった

0歳児クラス

　1歳1ヵ月で歩きはじめたサキちゃんは、まわりのおとなに「あんよ、すごいよね〜」と言われ、それはそれは得意気にバランスをとって、7、8歩進んでは満足そうにしています。そんなある日、おむつ交換をしていたわたし、さて次はカイくんのおむつを……と室内の端にいるカイくんを迎えに歩きだすと、わたしをめがけてキラキラの目で期待をこめてサキちゃんがよちよち歩いてきたのです。

　その姿に気づき笑顔を返しながらも、わたしはカイくんのおむつ交換のために、そんなサキちゃんの前を素通り……。そのとたん、床に突っ伏して泣きだしたサキちゃん。その泣き声の大きさに「ごめん、ごめん、悪かった」とあわてて抱き上げて謝りました。サキちゃんの気持ちはしっかりわかっていたのに、おむつ交換の流れを優先させてしまったのです。サキちゃんは抱っこされしばらく指しゃぶりをしてました。ごめんね。Y

保育士の胸のうち

子どもの気持ちをわかっているつもりでも、すべてをていねいに受け止めてあげられないのも現実。でも、泣かれてはじめて、保育士が思っていた以上の強い思いだったということに気づかされました。

3章　笑いと楽しさでつながる　　　　4章　いっしょに心を動かしてつながる

おとなとのつながりから友だちとのつながりへ

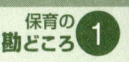

保育の勘どころ①

保育の勘どころ 1

わかろうとする気持ちが〈間〉をつくる

　おとなからは一見〈いけないこと〉〈危ないこと〉と見える赤ちゃんの動きに、思わず手で制したり「危ない！」と声が出たり、「本は大事にね」と禁止しがちです。でも、危険がないように細心の注意をしながらも、赤ちゃんのしようと思っていることが見えてくるまで見守ろうとすると、自然に〈間〉が生まれます。そして、赤ちゃんなりの意図が発見できたとたん、「なーるほど」と感心したり、「そうやって確かめているのね」「そんなことができるようになったんだ」とわかり、成長を喜べるのです。

　〈いけない〉〈危ない〉行動を〈制止するおとな〉対〈制止される赤ちゃん〉の関係は、"そういうふうに考えているのね"と"わかってくれた？"が響き合うすてきな関係になりうるのです。このように、おとなとのつながりがグッと深まっていくと、赤ちゃんは安心して、世界を少しずつ広げていきます。

泣き声でいっぱいの４月から、それぞれマイペースの５月へ

　０歳児クラスの４月。とくに月齢の高い赤ちゃんの多いクラスは、"ここはどこ？　ママは？"の不安いっぱいの泣き声がしばらく響きます。

　そして、少しずつ新しい環境に慣れてきた５月、赤ちゃんたちは保育士のことははっきり認識して、ハイハイして近づき抱っこを求めたり、やりとりを楽しみはじめます。でも、どうも友だちの存在は、まるで気にかけている様子がありません。

　腹ばいの友だちの上をハイハイで通り越す、つかまり立ちの支えにそばにいる友だちの頭でも服でもつかんで立つ、目にとまったおもちゃは友だちがなめていてもなんのためらいもなく手を伸ばして取って自分もなめてみる……といった感じです。そうされたほうの赤ちゃんも、一瞬"ん？"という表情を見せるものの、次の瞬間は何事もなかったように過ごしているのです（もちろん痛さが強烈だったときには不快な姿は見せますが）。

　一方で保育士に対しては、自分から笑顔を見せたり、保育士のあやす声や歌声によく反応し、保育士はＡくんに笑いかけたつもりでも、同じ方向にいる赤ちゃんたちがみんな"先生は自分に笑ってくれたー"とばかりにニッコリ笑い返してきたりします。

友だちの存在に気づきはじめる６月

　それが６月ごろになると、友だちの存在に気づきはじめ、かかわりが出てきます。

1 なるほど、そう考えているんだ！

13

1章　毎日の暮らしの中でちょっとずつつながる

1 保育の勘どころ

保育の勘どころ①

　トンネルをくぐっていたリュウジくん（9ヵ月）とユウヤくん（1歳1ヵ月）、鉢合わせになり頭をゴツン！　"あれ？"と互いに見合って……またコツン！（力を加減しているのにも感心します）。そしてやはり"あれ？"という顔をしています。何度かくり返しているうちに、リュウジくんはまだ"？？？"の表情ですが、ユウヤくんのほうはあそびに切り替わってきたようで、コツン！　とされてはニコニコ笑い返していました。もちろんこの間は数分だけですが。

　近くにいる友だちの髪の毛も興味をそそられるもののひとつ。ムズっとつかんでひっぱったりひっぱられたりする姿も多くなります。この時の反応にも、子どもの個性があらわれて笑えます。ホノカちゃん（9ヵ月）は、ひっぱられても、"何？"と、きっと思っているのでしょうが、ジーっと耐えています。気づいた保育士が止めると、"ふーっ……"とため息（？）をつき、何事もなかったように遊びだすのです。

おとなとのつながりを太くしつつ赤ちゃん同士のかかわりを見守る

　7月、ヒロシくん（1歳1ヵ月）は、"なんかおもしろい"と発見したらしく、リョウタくん（1歳2ヵ月）に近づき抱きついては倒してしまう、をくり返しています。リョウタくんはだんだんそれに気づき、ヒロシくんが近づくと逃げるように移動するようになりました。

　こうしてたった4ヵ月の間に、友だちの存在に気づき、かかわりが生まれ、つながりはじめた赤ちゃんたち。それでも、"ぼくが、わたしが、抱っこしてほしいんだよー"が重なったときには、われ先にと保育士の膝を求めてハイハイやアンヨで近づいてきます。そんなときわたしは

2章　揺れてぶつかってつながる

"いっぱいおっぱい（？）があったら、みーんなチューチュー（抱っこ？）させてあげられるんだけどな"とまるでブタちゃんのお母さん（？）のような気分に。

まわりにいるおとなは自分だけを見てくれていて、声をかけてくれている、そんなふうに"自分だけ！"と揺るぎなく信じられるおとなとの心のつながりを太くし、少しずつ赤ちゃん同士でつながっていく楽しさをたくさん経験して過ごす０歳児クラスでありたいと思いました。

赤ちゃんもつながりながら育ち合う

そして12月、いっしょに過ごして8ヵ月。こんな場面も出てきました。

朝一番に登園してくるアズサちゃん（1歳7ヵ月）。クラス別保育がはじまるまでの時間、2歳児の大きい子のあそびをよく見ているアズサちゃんは、おままごとのおんぶひもが大のお気に入り。自分の体に巻き付けたり、ひきずって持ち歩いたりしています。

ある日、いつものようにおんぶひもで遊んでいたアズサちゃん。まだ歩けないアキオくん（1歳）が遊んでいるラッパのおもちゃがふと目にとまり、さわろうとして手をのばしたもののアキオくんの手がじゃまとばかりにかみつこうとしました。じつはアズサちゃん、このころかみつきもはじまっていました。

友だちをかむことはいけないことだということが、なんとなくわかってきているようなのですが、その日は同じような場面も数回あったので、「アズサちゃん、ガブッはだめ、痛いでしょ。アキオくんもびっくりして泣いてるよ！」とこわい顔をしてみると、わたしの顔を見てアキオくんの頭をいい子、いい子しはじめました。それでも「ううん（首を左右に振って）、ガブってしたら痛いんだよ。しちゃだめだよ」とこわい顔のまま見ていると、うつむき、"困った……どうしよう……"とでもいうように、チラッとわたしの顔を見ては両手を体の前でモジモジさせて、をくり返すのです。

赤ちゃんも困ったときはこんなしぐさになるんですね。そのうち、さっき自分のうしろに置いたおんぶひもに気づいたアズサちゃん、あわててそのひもを手にすると、それはそれはやさしげにアキオくんの目の前に"はい、どーぞ"とばかりに差し出しました。

アズサちゃんなりの精一杯の"ごめんねー"の思いが伝わってきて、感心するやらかわいいやらで「アキオくんよかったねー。アズサちゃん貸してくれるんだって。アズサちゃんガブはもうしないもんねー」と笑って見せました。その雰囲気に安心したアズサちゃんと、おんぶひもなどまったく関心ないアキオくんは、もうすでになんのことかも気にせずそれぞれ遊んでいました。

赤ちゃんクラスだって人間模様があるのです。そしてお互つながり合い、育ち合っているのです。Y

2 わかってちょうだい、この気持ち！

目で、背中で、鼻息で……子どもたちは体いっぱい使って思いのたけを伝えようとしています。

いいこと思いついちゃった！
　　　　　　　　　　　　　　　1歳児クラス

　食事のときのこと。ユウくん（1歳10ヵ月）はあとから運ばれてきた大好きなバナナを見て、「(バ) ナナ、(バ) ナナ」と指さしです。でも苦手な野菜はその前に食べてもらいたい。「野菜食べてからね」とおかずをのせたスプーンを差し出しても、"いや！"とばかりに口を横へそむけてしまいます。

　ところがその時です。突然何を思ったのか、目をつむってまぶたをピクピク、そしてすぐに目を開けて「えへへ」と笑うユウくん。"えっ、もしかしてタヌキ寝入り？"。もう一度「やさい食べてからね」とスプーンを口元へ持っていくと、またまた頭をカクンと傾けて目をつむるのです。一生懸命まぶたを閉じようとする

のですが、薄目のうえに目元がピクピク、なんともぎこちないかわいいタヌキ寝入り！

　おかしくてしかたないわたしが「クックッ」と笑うと、すぐに目を開けて"ぼく、じょうずに寝てたでしょう？"といわんばかりのニヤニヤ笑いです。このユウくんのタヌキ寝入り、バレバレのうえに長続きしません。3秒もたたないうちにまわりの物音に顔を上げ、「えっ？　えっ？」とキョロキョロ、バナナを見つけて「（バ）ナナ、（バ）ナナ」。

　ほかの保育士も来て、「野菜食べてね」で再度タヌキ寝入りのユウくんにふき出してしまいます。ずっといつまでも見ていたいくらいでしたがそうもいかず、ユウくんも"タヌキ寝入り効果なし"と思ったようで、「パクン」と野菜を食べてくれました。A

保育の目のつけどころ

さすが1歳児、"先生の言ってることはわかるけれど、野菜はいや、バナナがほしいの"の主張をタヌキ寝入りで表現。子どもが保育士を信頼し安心できているから可能なのでしょう。

わかっているけど、食べたいの　　1歳児クラス

　食事を食べはじめてすぐのこと。サユちゃん（1歳8ヵ月）は、棚の上に隠してあったデザートのスイカを見つけてしまいました。見るなり「あれっ、あれっ」と、取ってほしいと要求するサユちゃん。"スイカを食べると、ご飯がすすまないなー"と思い、「あとでね。ご飯食べてから」と声をかけました。

　でも、あらら、やっぱり怒りモード。"ヤダ！"とばかりにお茶碗を押しのけ、イスから立って仁王立ち。"怒ってるんだから！"とでも言いたげに床をにらんでいます。おかしくてしかたない担任同士、"ここは見て見ぬふり"と目配せです。

　ぜんぜん気づかない様子のわたしたちに、すっかり飽きたサユちゃん、テーブルに目をやり、次にはお皿のお肉に手が伸び、なんと立ったままつまみ食い。でも一口食べればおいしいご飯。空腹には耐えられなかったようです。立っているのも疲れるしで、ほどなく座って食べはじめたサユちゃんなのでした。A

保育の目のつけどころ

泣きに入らず、仁王立ちしてまで怒り続けるのは、〈あとで〉がわかってきた成長の証し。自分でちょっとずつ折り合いをつけようとしている過程なのだととらえれば、ゆったり構えていられます。

2　わかってちょうだい、この気持ち！

1章　毎日の暮らしの中でちょっとずつつながる　　　2章　揺れてぶつかってつながる

わたし、がんばったよね
1歳児クラス

　苦手なおやつメニューの〈みたらしマカロニ〉に顔をしかめているヒロちゃん。それでもわたしに「一口食べたら、イチゴあげるね」と言われ、がんばって一つ食べました。
　わたしが約束のイチゴをとりに離れると、そのやりとりを聞いていた別の保育士が、"この流れでついでにもう一口食べてみる？"という感じで「おまけにもう一口、お口にあーつまれ」とヒロちゃんに声をかけました。
　その声かけにわたしが"ん？"とふり向くと、"ねーねー先生見てたでしょ、わたし、ちゃんと一つがんばったよね"と言いたげな困った表情でそばに来て、わたしの体をとんとんたたくヒロちゃんなのでした。Y

保育の目のつけどころ
ヒロちゃんの精一杯の訴えに保育士2人は大笑い！保育士と子どもだけでなく、保育士同士もつながって、互いの保育の意図を了解し合えていることも大切です。

まねっこしてみたけれど……
1歳児クラス

　1月に入り、鼻水の出ている子が増えてきたこのごろ。リュウちゃんは「ハナふこうね」の「ハナ」が耳に入れば反応して、自分の鼻水が出ていなくてもティッシュを取りに行きます。その姿はかわいくて笑ってしまうのですが、ある日食事中に、いつものごとく反応すると、なんとまわりの子まで次々立ち上がってティッシュの所へ行きはじめてしまったのです。
　「ごはん食べてるのに、ハナも出てないのに立つのはブッブー」と声をかけると、みんなはそれぞれ席に戻りました。
　ところが今度はケイくんが、"では、ぼくも……"とばかりに歩きだそうとしたので、「えーケイくん！　今立っちゃだめって言ったでしょ？」と言うと、ケイくんは泣きだしてしまいました。
　するとリュウちゃんをはじめまわりの子たちが次々と、ケイくんの頭を"いい子いい子"となでだしたのです。その1歳児らし

3章　笑いと楽しさでつながる　　　　4章　いっしょに心を動かしてつながる

　いつながり方に、"え？　悪いのはわたし？"とちょっと苦笑してしまった保育士。
　"あ……失敗、失敗"と切り替えるのも苦手で、一度泣きだしたら止まらなくなってしまうこのごろのケイくん。ここはすっきり切り替えられるよう、あえて「ケイくん泣くのはおしまい！ ごはんの途中にハナも出てないのに立つのはだめでしょ！」と声をかけると、ピタリと泣きやんだのでした。
　もちろんまわりの子たちは、もう何事もなかったかのように食べはじめていました。Y

保育の目のつけどころ

みんなとつながれたからこそのケイくんの行動なのに、ワンテンポ遅かったばっかりに叱られちゃって。でもピタリと泣きやんだのは、みんなになでてもらったからかな？　泣かずにあっさり切り替えられるようになるまでには、あと少しかもしれません。

2 わかってちょうだい、この気持ち！

目力対決！

1歳児クラス

　昼寝の時間、ミユキちゃんは自分は寝ないで友だちをトントンして、ミニ保育士のように、いかにもしっかり者のおねえちゃん役を演じています。"でも、さてそろそろ……"と「ミーちゃんもネンネしようね」と言うと、ジロッと……。"お、にらんできたぞ、ならわたしも"と眉間にしわを寄せて"NO"の表情。すると"おぉーじゃあこれなら"と今度はニッコリ笑いかけてきたミーちゃん。"そーきた？"。でもこちらはさっきと同じ顔で首を左右にふると、「……」。ゴロンとふとんに転がったのでした。かわいさ武器に作戦を考えたな……でもわたしの勝ち！　Y

> **保育の目のつけどころ**
>
> 自分の思いを気持ちよく出せることが何より。いろいろな手をくり出す姿にしばしつきあってみました。おとなは笑いを抑えるのが大変ですが、ミーちゃんにとっては自分の気持ちに折り合いをつけるまでの大事な〈間〉なんですね。

わかってちょうだい、保育士の気持ち！

0歳児クラス

　朝の8時半には11人中8人がそろい、夕方も担任のほうが先に帰るという一日の保育時間の長い0歳児クラス。長い保育園での生活を快適に過ごせるように、心身ともに満足できるようにと、室内あそび、庭あそび、散歩などなど、いろいろ工夫しているのですが、正直一日の時のたつのが遅い……と思う日ってあるものです。

　ある日の昼下がり。お気に入りの絵本を抱えて近づいてくるエリちゃん。今日すでに数度目。それで"よし、目を合わせないように……"と気づかぬふり。しかし、そんなわたしの心のつぶやきにはもちろん気づくことなく、天使の笑顔でやってきて、本を差し出すエリちゃん。

　"よーし、それじゃあこれでどうだ"と、受け取った本をエリちゃんのTシャツの中に入れ、落ちないようにズボンではさみ、「エリちゃん、行ってらっしゃーい。バイバーイ」作戦。エリ

3章　笑いと楽しさでつながる　　　　4章　いっしょに心を動かしてつながる

ちゃんは"ん？　ん？"という顔をしながらも、"バイバイ？　バイバイだー"とまたニッコリし、手を振り離れていくのです。"しめしめ、作戦成功"。そしてしばらくは、読むより、バイバイあそびへ切り替わってくれるのです。

　一方、こちらは1冊の本をめぐって一日の中で何回も取り合いをしているアキくんとリオくん。

　たしかに同じ電車の本が好きなのですが、どうも取り合うことそのものがあそびになっているようで、ひっぱり合う、叫び合うのも楽しい様子。でもはじめは楽しんでいても、そこは赤ちゃんで、途中から泣きだしたり、本気になってしまうのです。内心"またか……"と思ってしまうわたし。それなら"2人が気づかぬうちに本をかくしちゃえ……"なんて。

　長い長い一日の生活。保育士にとってつらいときも正直あるのです。Y

保育士の胸のうち

くり返しが大好きな赤ちゃん。エンドレスな毎日に、思わずため息が出ることも。あの手この手の変化球は、あまりの単調さに耐えきれなくなった保育士の苦しまぎれの作戦ですが、子どもにとってはあそびの楽しさが広がるきっかけになることも。ま、成功しないこともありますが……。

2　わかってちょうだい、この気持ち！

1章　毎日の暮らしの中でちょっとずつつながる　　2章　揺れてぶつかってつながる

2 保育の勘どころ　保護者とも共有したい心地よい笑い

保育の勘どころ②

保育士はよく笑う

　大笑い、ふき出し笑いに苦笑い……。保育をしていて、なんと笑うことの多いことか。つながればつながるほど、笑いも増えていくような気がします。子どもたちの姿はそれほどにおもしろくて、おかしくて、そしてかわいいのです。赤ちゃんたちも含めて、子どもたち一人ひとりが精一杯主張していて、それをいろいろな手を考えて保育士に伝えようとしていることがわかるから、保育士は余計に子どものことがおもしろくて、かわいく思えるのではないでしょうか。

　でも、そんな〈笑える〉エピソードが続くと、なんでも笑い飛ばしているのではないかと誤解されてしまうかも、と感じるところがあって、みんなで保育の中の笑いの中味をあらためてふり返ってみました。

ブラックユーモアとの違いは？

　実際はそんなに細かくあれこれ考えて日々笑っているのではなく、考えていたら大笑いはできません。でも、冗談を言っておとなだけが楽しむ笑い、バカにした笑いやブラックユーモアとは違うのです。子どもを尊厳のある一人の人として見ているのかどうか、それが気持ちの奥にあるかどうかでまったく笑いの質が変わってくるのではないでしょうか。

　自我が芽ばえ、なんでも自分でと主張し、おむつ替えも特定の保育士にしかさせないわが娘が1歳児クラスのころです。お迎えに行くと先生がおもしろい話として笑いながら、「……だから、さわらぬハナ（娘の名）にたたりなしーですよ」と話してくれました。同じように笑って返したものの、"たしかに大変だろうなー……でも、たたりなしか、トホホ……"と思いながら帰ったことを思い出します。

　伊野さんも、お迎えのときに「避難訓練で、顔がほっそりしているから軽いだろうと思って抱っこしたら漬け物石みたいに重くてねー。あー失敗したなぁって思っちゃったのよー（笑）」と言われて、保育士に対して申し訳ない気持ちになったことや、息子さんが中学校に入ったころに、当時その園にいた職員から「あのころ、こなきじじいって言ってたのよ」と聞かされ、"うまいこと言うなー"と思い笑い返しながら、"たしかにわが子は重くてよく泣く子だったことは事実だけど、あの妖怪の『こなきじじい』か……"と心にひっかかっていると話していました。

　かわいがってくれていて悪気はないのもわかるのですが、何気ないことばも保護者の心には大きく残ってしまうのです。わたしも保育士をしている中で保護者に同じようなことばをかけて失敗していたかもしれません。笑いといっても、ちょっと角度を変えてしまうと、傷つけてしまう

22

こともあり、気をつけなければいけないな、と思います。

子どもを固定化して見ていないか

　個性豊かな子どもたちと過ごす中で、「～ちゃんって〇〇みたいだね」などと、子どものことを何かにたとえて保育士同士で笑い合うことは、実際にはよくあることです。でも、子どもたちは一人ひとり、日々さまざまに揺れながら育ちゆく存在です。だからこそ保育士も、その子のいろいろな姿を引きだそうとして手を尽くすのです。目につきやすい特徴だけに注目してしまうと子どもの見方が固定化されて、保育士からのかかわりがパターン化されたり消極的になったりしてしまう危険性だってあるのではないか。かといって、「子どものことを笑ってはいけない」と禁止令を出せばいいかといったら、心地よさを生み出すあたたかい笑いまで消えてしまいそうで、それも違う気がする。笑いにひそむパワーを保育の中で生かしたい。まわりに心地よい笑いがあるっておとなも安心感があるし、子どもたちが育っていくうえで欠かせないものだと思うし。……

保護者もいっしょに笑えるかどうかを基準に

　そんなことを話しながらわたしたちの中でたどり着いた一つの基準は、保育の中での笑いは、保護者がそばで聞いていてもいっしょに笑えるかどうか、ということでした。こんなこともできるようになった、こんなことも考えているんだと子どもの成長に気づいたときの笑い。でもまだまだその表現には幼い部分があって、そのギャップがまたおかしくて自然に起こる笑い。そんなエピソードをクラスだよりにのせて、保護者といっしょに子どもの成長を喜び合い、笑い合いたいと思います。Y

3 だんだん仲間になっていく

同じ空間、いっしょの時間の中で、心と心がふれ合い、響き合い、より合わさっていくのです。

友だちと遊んでみたい……けれど　　0歳児クラス

　ハイハイで少しだけ前へ進めるようになったメグちゃん。ようやくおもちゃを手にとり、お座りで遊びはじめました。そこへ、何気なくずり這いでやってきたのはレナちゃんです。
　レナちゃんを見て、メグちゃんは「キャッ、キャッ」と笑って逃げの姿勢。気づかないレナちゃんと、また「キャッ、キャッ」と笑って逃げようとするメグちゃん。
　やっとレナちゃんが気づいて、"いっしょに遊びたい？"というように笑顔になり、高速ずり這いで急接近です。それが予想外だったのか、顔をこわばらせて「うえーん」と泣くメグちゃん。レナちゃんも動きを止め、"あら、泣くの？"というように見つめます。そして、"そんなに泣くなら、遊ぶのやーめた"と、向きを変えて行ってしまったのです。今度は、"あれ、行っちゃうのー？"とあとを追おうとするメグちゃん。でもハイハイでは思うように進まず……またお座りし直したのでした。A

> **保育の目のつけどころ**
>
> 同じ0歳児クラスでも、一人っ子のメグちゃんと、おにいちゃんがいるレナちゃん、友だちへの親近感に温度差があるようです。でも、こうやって体を動かし、心を動かして、ちょっとずつ友だちとつながっていくのですね。

なんだか友だちなんです　　0歳児クラス

　セリちゃんは今、友だちとのおもちゃの取り合いが楽しくてしかたありません。相手にされるほうは迷惑でもありますが、ひっ

ぱったり、取って逃げて追いかけられたりがたまらなくおもしろいみたいなのです。

　今日は土曜日なので人数が少なく乳児クラス合同で保育。歩ける子たちは外へ行ったので、室内には0歳のセリちゃん、ヒロくん、コウタくんと、体調のすぐれない1歳のマユちゃんの4人が残り、しっとりなごやかムード。

　そこでセリちゃん、人形を抱いて遊んでいたマユちゃんに近づき人形をひっぱりだします。"なに？　どうして？"と目が点になりながら抵抗するマユちゃんですが、セリちゃんはそうなると楽しくて、さらにひっぱります。たまらなくなったマユちゃん、ペンペンとセリちゃんをたたきだしました。

　「ねーマユちゃん、いやよねー」と、声をかけながらセリちゃんを見ると、これまた楽しそうにセリちゃんもマユちゃんをペンペン。すると、なんとヒロくんも近づきマユちゃんをペンペン、コウタくんも近づきマユちゃんをペンペン！　"これじゃあ3対1！　みんなでマユちゃん囲んじゃってー"と苦笑（ちなみにこのときの〈ペンペン〉は軽く、痛そうなたたき方ではなかったので、様子を見ている余裕がありました）。

　"さてどうしようか"とも思いつつ「あーぁ、マユちゃんかわいそう」と声をかけていると、一番小さいコウタくんが、たたくリズムに合わせて「パッパッパッパーッ」と言いだすと、それがなんだかおもしろいと感じたマユちゃんも、「パッパッパッパーッ」と言って笑いだし、ヒロくんやセリちゃんも同じように

保育の目のつけどころ

"あれれ？"な展開ですが、お互いに少しずつつながってきているからこそのペンペン。その動きが楽しいから伝染して、「パッパッパーッ」の音がついて、みんなで盛り上がる。楽しさが通じ合う仲間といるから、ひとりだけなら出会えない世界が生まれました。

3　だんだん仲間になっていく

言いだして笑って終わりになりました。Y

おっぱい談義　　　　　　　　　　1歳児クラス

　おやつのテーブルを囲んでいたとき。レイくんの連絡帳に週末から断乳をはじめたと書いてあったので、「へー、レイくんおっぱいバイバイしたの？」と聞いてみると、「うん……」とレイくん。「アイちゃんは？」にアイちゃん「……」。"えっ？　わたしに聞くの？"という表情。「ナッちゃんは？」とからかうと、ニヤリ。"まだだよ"というような照れた顔。
　なんとなくみんなおっぱいを想像して何か考えているんだろうなー、のおっぱい談義！　Y

> **保育の目のつけどころ**
> 連絡帳は、友だちに関心を持ついい機会になればと、時々子どもたちの中で話題にします。
> 表情や仕草で語り合い、つながる1歳児。"ふーん""へぇー"などと感じたり考えるゆったりとした空気を大切にしたいです。

無言のつながり　　　　　　　　　　1歳児クラス

　おやつの用意をしていると、手伝っているつもりのリンくん。台ふきんを手にして座っています。
　そこへレイくん、"ボクも手伝う"とばかりにみんなのエプロンが入っているかごから、自分のエプロンを"はい、きみのだよ"とリンくんに渡す……と、リンくん、"えっ？　これはきみのでしょ？"の表情。次に手にしたエプロンを見て"あ、これがきみのだ！"と気づいたレイくん、無事2人で交換！　Y

> **保育の目のつけどころ**
> この間2人はことばでのやりとりなし！　状況と表情で察し合える関係ができていることに感動。

〈悲しい〉連鎖反応だけど……　　　　1歳児クラス

　ままごとあそびが大好きな子どもたちは、今日もおいしそうに

| 3章　笑いと楽しさでつながる | 4章　いっしょに心を動かしてつながる |

お皿にスプーンで食べるまねっこ。タカシくん、"どーぞ"とばかりに持ってきてくれるので「あっついね、フーフーしなきゃ」と言うと、「フーフー」と息をふいているタカシくん。そんなやりとりにミドリちゃんも皿を6枚くらい重ねて「はい」と手渡してくるので、「あら、たくさん！　ありがとうございます」と頭を下げるとニッコリ……をくり返しているうち、ミドリちゃん、ガッチャーンと皿を落としてしまいました。

響いた音に「あららららららぁ……」とわたし。すると、ウケたかのように笑いだすミドリちゃん、なんと拾った皿をまた落とすのです。するとまわりにいた子たちも次々ガッチャーン。「だからーお皿をなげちゃいけませーん！」と声かけつつ、次への作戦を急ピッチで考える保育士。とっさに「じゃあわたし、電車に乗ってお買い物行こう」と、お皿が散乱するままごとコーナーから離れ、部屋の隅へ移動。イスに座って電車に揺られるフリをすると、もちろん、子どもたちも次々ついてきて、並んで座っていっしょに揺れる次なる連鎖反応へ……。Y

保育士の胸のうち

しっかりびっくりしてくれた保育士の反応がおもしろかったようで。そりゃ、おもしろいことは何度でも、ぼくも、わたしも……となりますよね。トホホ……。とはいえ、1歳児の連鎖反応はつながってきている証拠。それを生かして、どう切り替えるか……保育士の頭がクルクルまわりだします。

3　だんだん仲間になっていく

1章　毎日の暮らしの中でちょっとずつつながる　　　2章　揺れてぶつかってつながる

しんかんせん、入ってるの！
　　　　　　　　　　　　　　　　　　　　　1歳児クラス

　ままごとあそびをしていたナオくん（2歳7ヵ月）。バッグを持って、「いってくるねー」と手を振り、お出かけです。そして、すぐにまたままごとの家へ戻ってきて、手にしていたバッグを持ち上げ、「しんかんせん、入ってるの」と言ってきました。「新幹線、いいねえ」に「うん」とバッグを開けて見せてくれるナオくん。

　中には、あらら予想外、プラレールの新幹線ではなくて、ままごと用の小さいミカンとハンカチ1枚。それでも目をキラキラさせているナオくんに話を合わせてあげたいと、「わあー、新幹線だー」と応じました。ニッコリ笑うナオくんに、マオちゃん（2歳7ヵ月）、トモちゃん（2歳2ヵ月）も「見せて」とのぞきに来たのですが、マオちゃんは、"なーんだ"というように、「ミカンだよ」と冷めたひと言です。

　とたんにナオくんは、「ちあう（違う）！　しんかんせん！」とムキになって言い返します。マオちゃんは怒っているナオくんを見てそそくさと行ってしまいましたが、トモちゃんはもう一度バッグをのぞいて、「わあー、しんかんせん！」と見事な演技（？）です。そこへ今度はアキちゃん（2歳8ヵ月）が"しんかんせん、どこ？"というようにのぞきに来て、あくまで「しんかん

保育の目のつけどころ

2年近く生活をともにしているだけあって、こだわりの強いナオくんの性格を、友だちはわかっているのです。ごっこあそびの"あうんの呼吸"のはじまりをみたような思いでした。

せんだよ」というナオくんに「……」と、しばしの沈黙。でも、小さい声で、"そうだね"というように、「うん」とうなずいてくれました。この2人の返事にナオくんは満足気。その後もバッグを持って歩きまわっていました。A

助け合い？
2歳児クラス

　お昼寝が終わって着替えのとき。3月生まれのタカシくんが、なかなか自分でズボンをはこうとせずにいるので、コウタくんがはかせてあげようとしはじめました。

　が、まったく人任せのタカシくん。足をあげるものの体重はコウタくんにゆだねっぱなし。これは自分には無理とばかりにタカシくんの重みで顔をしかめながら、「おーい、ミナちゃん、タカちゃんのやってくれー」。……でもミナちゃんは呼ばれていることに気づきません。すると今度は、「おーい、ユカちゃんやって！」と。

　コウタくんなりにクラスのしっかり者を選んで頼っている！そして当のタカシくんは、なすがまま。ユカちゃんとコウタくんは「タカちゃん、座って」などと指示をして、なんとか2人でタカシくんにズボンをはかせました。さすが！　Y

> **保育の目のつけどころ**
> 自分ではけることも大事ですが、友だちの力を借りるのも生活の知恵。友だちの手を借りながらもできたことはうれしいし、友だちに手を貸すこともうれしいんです。みんなニッコリ、笑顔がつながります。

3 だんだん仲間になっていく

| 1章　毎日の暮らしの中でちょっとずつつながる | 2章　揺れてぶつかってつながる |

3人そろえば三人娘　　　　　　2歳児クラス

　マリーちゃん、ミナちゃん、ユカちゃんの女児3人で手をつないで散歩。「……ねー」と、3人で歩くことが楽しくて互いの顔を見合わせて笑っているので、「あら、三人娘ね」と声をかけると、「三人娘、三人娘」とますます楽しそう。そのとき、うしろから車が来たので保育士がマリーちゃんの手を引くと、「先生、手はなしてよ」とユカちゃん。

　ちなみにそれ以降、「三人娘」がはやり、食事時に強引に3脚イスを並べて「早く！　三人娘しようー」と好きな友だちを呼ぶユウタくん。"？？？"。そうなのです。男女なんてこだわり（？）や気づきもなく、3人そろうと「三人娘、三人娘！」と喜んでいるのです。Y

> **保育の目のつけどころ**
> 3人の輪がこわれると思ったのか、きっぱり拒否されてしまいました。つながっている感覚を共有し合う、これが楽しいんですよね。

りんごの好きなヒナちゃん　　　　　　2歳児クラス

転園することになったヒナちゃんのお別れ会。

保育士「ヒナちゃんがお引っ越しするからみんなとは今日でさよならです。ヒナちゃんに何かインタビューしたいお友だちいますか？」
ショウ「はーい」
保育士「ショウくんは何を聞くのかな？」
ショウ「なんの食べ物が好きですか？」
ヒナ　「りんごです」とニッコリ。
保育士「次、聞きたいことある人？」
ヒロ　「なんの食べ物が好きですか？」
ヒナ　「（ニッコリして）りんごです」
保育士「はい、じゃあまだ聞きたいことがある人」

アキト「えーっと、なんの食べ物が好きですか？」

"まさか、また聞くとは……"と笑いをこらえる担任をよそに、子どもたちはまったく真面目な様子……がまた笑えます。

ヒナ　「（またまた笑顔で）りんごです」
保育士「（気を取り直して）ヒナちゃんは、りんごが好きなんだって。さて、次に聞きたい人？」
みんな「はーい」

保育士、マイクに見たてたこぶしをリオくんに。

リオ　「好きな食べ物はなんですか？」
ヒナ　「りんごです」と笑顔いっぱいにこたえる！

2歳児らしいやりとりに楽しく会が終わりました。Y

> **保育の目のつけどころ**
> 手をあげて、指されて、質問して、こたえてもらう、このやりとりが楽しい2歳児。いつの日か、だれかが別の質問をするときが来るのでしょうね。それまでは「それはもうした質問でしょ、別の質問はないの？」なんて言わずに、みんなの今のこの楽しさを満喫したいものです。

トイレはつながれるところ　　2、3歳児クラス

ウンチはどこに？
　2歳児クラスの子どもたち。自分の用がすんでも、なかなか帰ろうとしません。自分のウンチと友だちのウンチを見て、ウンチにもいろいろな形や色があることを知り、いやでもにおいをかぎ、ポトン、ピリピリ、ブー、などの音に耳を傾け、みんなで大笑い。これこそ生きた学びの場！
　保育士が「うわー！　大きいバナナウンチだね」「○○ちゃんのはコロコロうさぎウンチだ」と命名すると、ただのウンチが、急に自分の体から出た、いとおしい分身に変わるようです。
　さらに保育士が「バイバーイ」と流れるウンチに手を振ると、子「どこに行ったの？」保育士「ウンチの国に行ったの。みんな

| 1章　毎日の暮らしの中でちょっとずつつながる | 2章　揺れてぶつかってつながる |

のウンチがみーんなあつまるんだよ」子「ふーん」と納得顔。
　そんなやりとりの中から、今度は子どもたちが、一人また一人と、自分のウンチに「元気なウンチ！」と命名したり、「バイバーイ！」とおわかれしたりと、ウンチ談義にも花がさくことになります。

保育の目のつけどころ
互いのウンチを見せ合いっこできるのは、おとなのように個室でさっさとすませるようになるまでの、この時期ならではのつながり方。

信頼のバロメーター

　こちらも2歳児クラスのエピソード。異動してきたばかりの春、子どもたちのトイレについていったところ、和式トイレが好きなユキちゃん、おしりを出してしゃがんで、パッとふり返り、「見ないでー！」と叫びました。
　「あっ、はい。見ないよ」とあわててトイレの外へ出て、ユキちゃんがすむまで待ちました。
　"〈トイレOK〉がわたしへの信頼のサインだな"と、その日から、いつ「いいよ」となるのかが楽しみになりました。

保育の目のつけどころ
まだ信用できない人には無防備な姿を見せられない。寝る・食べる・排泄は、自分が安心した状態じゃないとできないものなんですね。

トイレ仲間

　食べるのが大好きで、だれかの「おかわり」ということばにもすぐに反応しちゃうくらいよく食べる3歳児クラスのアキちゃん。もちろん、食べたら出すが人間の基本。毎日、一番長くトイレにいるのもアキちゃんです。
　この日もトイレのいつもの便器を陣取ります。そこは入り口から一番近く、部屋の様子も見えるし、入って来る子も真っ先に見えるベストポジション。次々に来る友だちに「手、洗ってね」「先生、紙がないよー！」なんてあれこれ話しかけたり、パンツの品評会をしたり……。
　今日のメンバーはケイくんとサトシくん。このところアキちゃんとともに毎日のようにトイレでウンチタイムをともにする〈トイレトリオ〉です。3人のご機嫌な会話が、壁一枚隔てた事務所にいるわたしの所までもれ聞こえてきます。

　アキ　「ねえ（男の子は）立ってするんでしょ？」

サトシ「うん。まあね！」
アキ　「じゃあずっと立っていられる？」
サトシ「え？　ずっと？　うーん、ずっとは無理。疲れちゃうからね」
アキ　「ふーん。アキは立っていられるけどね。あっ！　ケイちゃんもう出たの？」
サトシ「せんせーい！　ケイちゃん出たよー！」
担任　「はーい。あら、アキちゃんまだウンチしていないの？　出ないならあとにしてねー」
アキ　「出るのぉー！」とふくれた顔が浮かぶ口調。

トイレにだれもいなくなると鼻歌がはじまり、そのうち気分ものってきて、♪ウンチウンチウンチウンチー♪　と節をつけて自作のうたを歌いだしました。しばし静かになったと思ったら、「ウ・ン・チ・でぇーたぁー！」と担任を大声で呼んで完結。

保育の目のつけどころ

行列にもなるし、活動も気になるしで、ついつい急がせがちなトイレタイム。でも、笑いありの会話がくり広げられていたり、保育室の中とはひと味違うかかわりがあったり……。子どもとつながれるチャンスです。

| 1章　毎日の暮らしの中でちょっとずつつながる | 2章　揺れてぶつかってつながる |

3 保育の勘どころ　目立たない子をこそクローズアップしよう

保育の勘どころ③

なかなかクラスだよりに登場しない子どもがいたとき、どうする？

　クラスの子どもたちがすべて同じようなことに興味を持ち、同じように行動をするわけではありません。子どもたちにつながりができていく中で、なかなかつながれない子どももいます。クラスだよりに「このごろ仲間で行動するようになりました」とエピソードを書くとき、なかなか名前が登場しない子どもがいる場合があります。そんなとき、どうしていますか？

低月齢児は少数派？

　娘は３月生まれなのですが、保育園のクラスだよりでは、たいていおまけのように「友だちのあとをついて行ってました……」というような記述になっていました。話題の中心は、いつも４～６月生まれの大きい子。４歳児クラス後半で配られたおたよりには、大見出しで「もうすぐ６歳だね！」と書かれていて、わたしは一瞬何かのまちがいかと思ったものです。娘は４歳で、５歳の誕生日はまだ１ヵ月先。でも、よくよく考えてみて"そうか、４月生まれの子は、娘の誕生日後すぐに６歳になるのね……"と合点がいったのでした。クラスの先生は純粋に、"みんな大きくなるね"との思いで書かれたのだと思いますが、その視点の中心は大きい子たちで、３月生まれの娘たちは少数派なんだなと、妙に納得してしまったのを覚えています。

次回には必ず書くなど配慮する

　わたし自身、こんな経験をしているので、クラスだよりを書くときは、どの子も同じ比重でエピソードを書くように心がけています。目立たない子や月齢の小さい子は、むしろ意識してクローズアップしてちょうどいいのだと思います。
　もちろん話題によっては、特定の子をめぐる出来事を取り上げる、ということもあるでしょう。そのときは、次回のクラスだよりにほかの子のエピソードを入れるなど、配慮したいですね。A

4 いろんな気持ちがあるんだね

そんなふうに思ってたの？　友だちの気持ちを知ることで自分の本当の気持ちに気づけることも。

親友ってなあに？
4歳児クラス

　年長組と散歩へ行ったあとのこと。いっしょに食事をしていたら、急にシクシク泣きだしたのは、年長組のマリちゃんです。「どうしたの？」と声をかけると、

マリ　「あのね、さっき公園で、ミドリちゃんに『あそぼ』って言ったのに、『ハーちゃんと遊ぶ』って言ったの。わたしたち、『ずっと親友』って約束したのに……。だって、親友は、トイレも食事もいっしょなんだよ！」

　この話を、みんなにも考えてもらいたくて、クラスの子どもたちに話してみました。まずはじめに、朝からケンカ続きの浮かない顔のナオくんに聞いてみると、

ナオ　「友だちは、（保育園の外に）2人いるけど、この保育園にはいない」と、ふてくされた顔。
保育士「それは大変！　ナオくんと友だちだと思う人、いる？」
7〜8人の男子「はーい！」（いつもは仲よしです）
保育士「あら、友だちがいるじゃないの」
ナオ　「うん、うん……」と照れ笑いです。

　すると今度は、

| 1章　毎日の暮らしの中でちょっとずつつながる | 2章　揺れてぶつかってつながる |

アツシ「オレは、フミくんと親友だけど。だって、いつもいっ
　　　　しょだもん」
保育士「でも、たとえばユウキくんと遊びたいとき、親友のフミ
　　　　くんがいるからって、がまんする？」
アツシ「ううん（首をふる）、ユウキくんと遊ぶよ」

するとリキくんも、

リキ　「ぼくは、ナオくんと親友なんだ」
保育士「でも、なんで今日はいっしょにご飯を食べていないの？」
リキ　「今日はそうしたかったの！」
保育士「へぇー、親友でもほかの友だちと遊びたいときや、別々
　　　　に食べたいときがあるんだ」（わざとびっくり顔）

「うん！」と、大きくうなずく子どもたちです。そのあと、

ミズキ「先生！　マリちゃんのことも、みんなに聞いてみな」
保育士「マリちゃんのこと、友だちで、好きだと思っている
　　　　人！」
子どもたち「はーい！」

　ほとんどみんなが手をあげてくれて、それを見てまたシクシク泣きだしたマリちゃん。その理由を聞くと、「困っちゃったの……」ということです。それを聞いて、"よかったね"と、ニッコリ笑顔の子どもたちでした。
　たかが友だちとのケンカ。といっても、子どもたちにとっては、大問題なのですね。A

保育の目のつけどころ

親友っていつもいっしょにいなくてはいけないのかな？　仲よしの間柄だって違うことをしたいときもあるし、一人でいたいときもある。安心して心地よく暮らし合うため、みんなで考えたいテーマです。

保育園好き？　嫌い？

5歳児クラス

　5月のある朝のこと。フウヤくんが「保育園に行かなーい！」と泣いて怒って登園して来ました。そこで「保育園のどこが嫌いなの？」と聞いてみることに……。

　フウヤ「そらぐみ（自分たちのクラス）嫌い。絵を描いていると『変なのー』とか『違うんだー』とか言う」「『これ、できるかよー』とか言う」「マサキとかが（いやなのに）ウルトラマンごっこしかさせる」「ブロック作ったら、こわしたりする」「先生、怒るとこわい」「タイチ好きなのに、手をつないでくれない」……

　ところが、今度は、それを聞いていたほかの友だちが、「えーっ、フウヤも『アッカンベー』するよ」「『バカ』『アホ』『ジジイ』って言う」「自分からやってくるのに、やり返したらすぐ泣く」とのこと。
　わたしが「フウヤくん、友だちになりたいんだよね」と言うと、フウヤくんは「ウン……」。"みんなと遊びたいんだけど、うまくかかわれない"、そんなフウヤくんの思いが感じられました。
　そこで、これを機会に、ほかの子にも、保育園は好きか嫌いかを聞いてみることにしました。

　タイチ「嫌い。だって、（おうちの）車のおもちゃで遊びたい。そらぐみの友だちと先生、怒るとこわい」
　ハナエ「嫌い。ミナとか、『だめだよ』って、怒ったりする。ムネヤも怒るとこわい」
　ナツ　「いつも延長（保育）だから、嫌い。途中でママのこと思い出して、会いたくなっちゃう」
　ミカ　「好き。（妹の）トモちゃんと遊べるから。そらの友だち好き。タイチおもしろいから好き」

4　いろんな気持ちがあるんだね

| 1章　毎日の暮らしの中でちょっとずつつながる | 2章　揺れてぶつかってつながる |

ケイ　　「好きだけど、嫌いなところがある。アキラとかトモオとかがいやなことする。おうちごっこしているとき、ハナエが『ダメ』って言うから」
トモ　　「好きだけど、嫌いなところがある。(理由は)わかんない」
シン　　「好きだけど、嫌い。だって、(おうちの) ゲームとキックボードと、自転車したくなる。あと、ハルちゃんのおうちに行きたい」
ミホ　　「好きだけど、嫌い。お母さん思い出しておうちで遊びたくなる。あと、昼寝が嫌い」
ミナ　　「好きだけど、嫌い。だってお母さんとずっといて、お手伝いしたいんだもん。それから昼寝が嫌い」
ジュン「好き。ブランコのって、友だちと遊べるから」
フミ、カン「好き。友だちがいるから」
アキラ、トモオ、ムネヤ、マサキ「好き。いっぱい遊べるから」

……と、出るわ出るわ。この際だからと、わたしもついでに言いました。

「好きだけど、嫌いなところがある。『縁日ごっこしたい！』ってみんな言うけれど、話し合いしようとしてもなかなか集まってくれないし、ふざけて話し合いにならないところがいやだ。縁日ごっこしたくない」

このことばはちょっときいたらしく、あわてて聞く姿勢になった子どもたちでした。

さらに、おやつのときには、こんな会話にもなりました。

子　　　「先生って、怒んないよね」
保育士「えー⁉　怒るよ！　フウヤくんやタイチくんは『こわい』って言ってるよ」
子　　　「えー、怒んないよ、ぜんぜん！」

3章　笑いと楽しさでつながる　　　　4章　いっしょに心を動かしてつながる

「うちのお母さんなんて、すごーい、こわいんだから」
「うちのお母さんも、超こわいよ！」
「うちのお母さんなんて、怪獣よりもこわいんだぞ！」

……とまあ、この話題も盛り上がること！
　それにしても、「怒る」ひとつにしても、一人ひとりがいろんな感じ方をするものなのですね。とにもかくにも、この「保育園好き、嫌い」も、そのときの気分などで変わったり（現にあとから、「やっぱり嫌い」「やっぱり好き」と言ってくる子も）、そのことばの裏にはほかの深い思いがこめられたりしているようです。A

保育の目のつけどころ

はじめは「保育園全部嫌い」だったフウヤくんですが、みんなと話していたら「好きなところもあるし嫌いなところもある」ことに気づきました。いろいろ混ざった気持ち、揺れる気持ち、それもこれも全部が自分の気持ち。あとで保育士に言いに来たのは、話し合いが終わってからも、自分の心を見つめて頭の中でみんなと〈話し合い〉を続けているからなのでしょう。

4　いろんな気持ちがあるんだね

1章　毎日の暮らしの中でちょっとずつつながる　　　2章　揺れてぶつかってつながる

4 保育の勘どころ　居心地のよいクラスづくりは日々の積み重ねから

保育の勘どころ④

保育士も対等な仲間の一人になることから

　新しいクラスはいつも、子どももおとなも互いに"この子はどんな子？""先生はどんな人？"からのスタート。子どもたちなりにこちらを探り、よいところを見せたり逆に困らせたりします。だからこそ保育士は、子どもたちのあそびに積極的に「いれてー」と加えてもらいます。子どもたちのやりとりに耳を澄ませ、対等の仲間の一人になって楽しい時間を積み重ねることで、どの子にとっても居心地のよいクラスをつくっていくことを心がけるのです。赤ちゃんの場合は表情や体の固さややわらかさから、その子の気持ちや緊張の度合いを感じとり、"仲よくしようね！　大丈夫だよ！　安心してね！"のメッセージを送ります。

子どもの様子を語り合うことで保育士はつながれる

　新しい体制になれば、担任同士の関係づくりもとまどいながらのスタートです。年度末のある日、隣のクラスの保育士が、こう話してくれたことがありました。
　「よく先生とさ、休憩のときに子どもたちを話題にしては大笑いしてたじゃない？　それがあって、A先生は子どもがかわいいとか感じることができたって思うよ……」
　いっしょに担任を組んでいたA先生は、新人で経験も浅い分、日々手一杯の様子でした。たしかにそうなのです。新人の保育士だけではなく、休憩の合間に子どもたちの様子を話すことで、"あー、そこは笑って受け止めていいところなんだ！""ヘーB先生はそういう見方をしていたんだ！"など、自分とは違う見方があることに気づいたり、"Cちゃんってそんな子なんだー！"とか、自分の中で悩んでいたことについて"そういう対応すればいいのね"などと発見できたりするのです。日々、子どもの姿をことばにする、笑い合う、感じ合う、共感していく……。そのくり返しの中で保育士同士もつながっていけるのだと思います。

つながりの輪を家庭にも広げて

　そして、新しいクラスづくりの鍵は、保護者との関係。行事などもチャンスですが、日々の送迎時やクラスだよりを通して、子どもたちがつながっていく様子をこまめに伝えると、親と保育士がつながれるだけでなく、親子の会話もはずみます。心地よいつながりが家庭にも広がれば、おとなも子どもも、みんなが安心して過ごせる居心地のよい保育園になれるのではないでしょうか。ちょっとずつ、ちょっとずつつながるって、小さいけれど、とても大きいことなのだと思います。Y

2章

揺れてぶつかって つながる

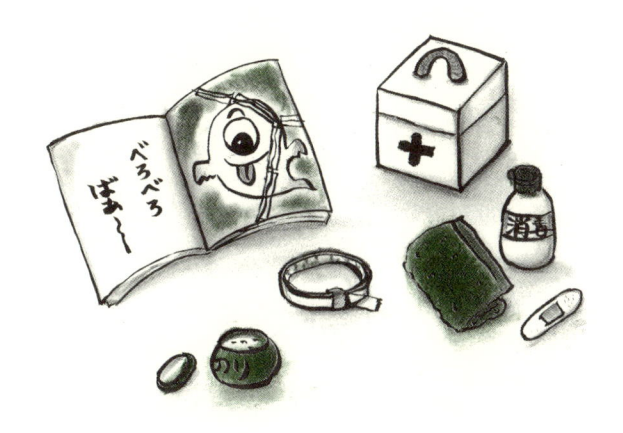

　いろいろな子どもたちが集まるクラスの生活では、ぶつかり合いは毎日のように起こります。子どもたちはいっしょにやれば楽しさがふくらむのもわかっています。だから、どの子もみんな仲間とつながりたいのです。
　でも最初のうちは、だれでも仲間とのつながり方がちょっと〈ぶきっちょ〉です。仲間とつながるための表現のしかたや自分自身の気持ちのおさめ方がわからなくて、そんな自分の不自由な状態にいらだち葛藤します。それでも日々の生活の中で何度もぶつかり合いをくり返しながら、ちょっとずつ、ちょっとずつ仲間との心地よい関係のつくり方・気持ちの立て直し方を発見していきます。

| 1章　毎日の暮らしの中でちょっとずつつながる | 2章　揺れてぶつかってつながる |

1 みんなの思いが交差する
一方通行から網の目のような関係へ。友だちとのつながりもだんだん複雑になっていきます。

涙の伝染、とーまった！
0歳児クラス

　冬になって、クラスで一番月齢の高いカイくんは、最近友だちに対して強気で、おもちゃを取ろうとしたり押しのけたりすることもたびたびです。

　そのときも、ミナちゃんが持っていた黄色いコップを"よこせ！"とばかりに「アーッ！　アーッ！」とひっぱりました。ミナちゃんが驚いて手放すと、すぐコップを取り、今度はイスに座っていたミナちゃんを、「アッ！　アッ！」と押しのけようとするカイくん。イスを取られまいとふんばり無言で抵抗するミナちゃん。

　"あまりにも……"と思い、「ここはミナちゃんのイスじゃない？」と声をかけると、"ぼくの！"とばかりに「うゎーん！」と大泣きのカイくん。ミナちゃんはその泣き声に動揺したのか、自分でイスから立ち上がりました。

　"あらら、泣いたもん勝ち？"。そう思ったときに、向こうの方でも「うぇーん、うぇーん」とかわいい泣き声がしました。さっきまでいっしょにままごとあそびをしていたハルちゃんで、不穏な空気を感じて、自分のコップも取られまいと手にしっかり持って逃げて行き、遠巻きに様子を見ていたらしいのです。

　このあまり楽しくない展開に、とっさに、わたしもいっしょに「えーん、えーん」と泣きまねすると、ミナちゃんの顔がほころび「うふふ……」と笑顔になりました。そしてカイくんは、"もういいや"というように行ってしまったのでした。A

保育の目のつけどころ
友だちのことも気になり、一人ひとりの気持ちが複雑に行き交うようになった0歳児クラス後半。渦の外にいるように見える子でも、その場の空気はしっかり感じとっているもの。赤ちゃんクラスでは、緊張感も伝わりやすいけど、保育士の機転で生まれたなごやかな楽しい空気もすぐに伝わるのですね。

42

押してダメなら引いてみる？

1歳児クラス

　しっかり者のアイちゃんは「お片づけして、おやつにしよう」に、「はーい」と箱の中におもちゃをどんどん入れはじめました。
　でも、ふと目の前の小さなついたての反対側にいたヒロちゃんに気づき、持っていたものを「はい、どーぞ」とヒロちゃんの口元へ近づけると、なんとヒロちゃん、"なによ"とアイちゃんの顔をバン！　とたたき押し倒してしまいました。
　"あららーそーきたか……"と見ていると、なんとアイちゃん、泣きもせず、ついたてから「ばぁー」と顔を出したのです。当のヒロちゃんは"？？"という顔をして離れていっちゃいましたが……。Y

> **保育の目のつけどころ**
> いつものアイちゃんならすぐ泣きだすだろうに、今日はちょっと違うことに気づきました。少しずつまわりに目が向くようになり、友だちへの興味がふくらみだしたのかもしれませんね。

1　みんなの思いが交差する

| 1章　毎日の暮らしの中でちょっとずつつながる | 2章　揺れてぶつかってつながる |

ここまでがんばったから、まっいいか
1歳児クラス

　水あそびは1、2歳児いっしょ。1歳児クラスのアイちゃんは、普通のジョーロよりヤカンのおもちゃのほうが水が勢いよく出るのを知っていてずーっと使っていました。

　そこへ、2歳児クラスのヨウくん登場、「かーしーて」。しかし首を左右にふり拒むアイちゃん。するとヨウくん、ジョーロを片手にいかにも交換しようというふうに、再度「かして」。

　"さぁ、貸すのかなぁ……"と様子を見ていると、アイちゃんは無言でプールのまわりを逃げまわり追いかけっこに。が、逃げるのに必死になり、うっかりヤカンを落としてしまったのです。もちろんヨウくんは念願のヤカンを手に入れその場を去っていきました。

　アイちゃんはというと、"ここまでがんばったから、まっいいか"とばかりに、ほかのおもちゃで遊びはじめました。Y

保育の目のつけどころ
このごろたのもしくなってきたアイちゃんなので、保育士はあえて助けに入らず、見守っていることに。渡したくなくて必死に応戦するところも、一人であっさり切り替えたところも、成長の証しですね。

深ーいため息は**お互い様**
1歳児クラス

　今日はよく手を出すナナちゃん。3回続けて友だちをギュッとつかもうとしたので、その瞬間ナナちゃんの手をおさえると、びっくりしたのとあせった（？）のとで「ギャー」と大泣き。わざと目をつぶって泣いています。「ギュッてしたら痛いでしょ？」と声をかけても目を開けず泣いているので、しばらく黙って様子を見ていると、ソローッと目をあけるナナちゃん。

　「ギュッしないでね」と声をかけ離れると、やれやれというふうに「ふー……」と深くため息をつくナナちゃん。チラチラ保育士のほうを見つつ、ケロッと遊びだしました。Y

保育の目のつけどころ
とても微妙な表現ですが、ナナちゃんも"まずい"と感じだしているのが伝わってきたので、さり気なく注意するにとどめました。

微妙なこの気持ち

2歳児クラス

　おさがりの多いユカちゃんと、いつもかわいく着飾っているミナちゃんは、仲よしでしっかり者。2人ともおにいちゃんがいます。ある日の散歩中のこと、ユカちゃんは、ふとミナちゃんの新しい髪飾りに目をとめたようです。少しの間をおいて急に、ペン！　とミナちゃんの飾りをたたきました。不意にたたかれたミナちゃんも怒り、しばしたたき合いに……。でも、それで2人とも気がすんだのでしょう。お互いプイッと離れていきました。"この気持ち、わたしにもわかるな……"と苦笑！　たたくのはいけないけどね。Y

保育の目のつけどころ

嫉妬、イライラ、八つ当たり……。遠慮なくぶつけ合えるのも、毎日いっしょに暮らし合う仲間だから。エスカレートしないときは、さらっと見守りたいものです。

1　みんなの思いが交差する

5 保育の勘どころ　トラブルはシークレットにしない

みんながなんらかの形でかかわっている

　保育士が子ども同士のぶつかり合いを仲裁したいと思うとき、ともすると当事者の子どもたちだけに目が行きがちです。でもじつはそのぶつかり合いも、集団の関係の中で起きていて、集団の中のみんながなんらかの形でかかわっています。

　0歳児クラス後半や1歳児クラスでは、物の取り合いがよく見られます。

　力づくでひっぱり合い、大声で泣き叫ぶ様子を、保育士だけではなく、まわりの子どもたちもしっかり注目しています。唖然として見ている子、眉根にしわを寄せて見ている子、自分も手を伸ばして取り合いに参加する子、騒がしさに泣きだす子など、赤ちゃんなりに友だちの泣き声や保育士の声をしっかり感じとっているのです。仲裁している保育士に「……ねー」と相づちをうち、泣いている子の頭をなでてみたりもします。そして事がおさまると、それぞれ何事もなかったかのようにあそびに戻っていきます。クラスの雰囲気がおだやかになり、みんなも安心するのです。

　2、3歳児クラスくらいになると、はじめは2人のぶつかり合いだったのに次々とほかの子が入ってくる、ということがよくあります。

　一方的に片側の肩をもち「いけないんだ！」と相手をたたいて泣かせてしまう、あるいは話をそらそうとしてまわりで茶化しておどけたあげく、「笑われていやだった！」というように、当事者の怒りを買い、解決するどころか新たな火種になってしまうことがよく起こります。一方でそんなケンカを遠くのほうから心配そうに見つめる子や、「まただよね」とあきらめ顔で無関心を装う子もいたりします。出し方はさまざまですが、同じ集団の中にいる者として、みんなが関心を寄せているのです。

みんなの中で問題を解決する

　こうなると保育士は、問題がややこしくなるので当事者を集団から離したほうがいい、とつい思いがちです。たしかに、当事者同士がしっかり向き合えるように、保育士が問題を整理したりすることは必要です。でも、トラブルこそ、みんながつながるチャンス！　最後には子どもたち全員が「よかったねー」と思える解決にしていくことが、関係づくりのポイントではないでしょうか。みんなが注目しているトラブルの行方だからこそ、当事者と保育士だけのシークレットで終わらせずに、みんなが見守る中で解決して、みんなが友だちとのつきあい方を学ぶよい機会にしたいですね。A&Y

2 気持ちを立て直す・切り替える

"もういやだ！"が、ふとした瞬間"まっいいかな"とふっきれる。そんな心の成長も大事です。

みんなも心配してくれるし、食べようかな

1歳児クラス

　食事の前、マオちゃん（2歳8ヵ月）は、友だちの本が欲しくてかみついてしまいました。その後もふてくされていて、マットの上をゴロゴロ……。「食事よー」と呼ばれても絵本コーナーを

| 1章　毎日の暮らしの中でちょっとずつつながる | 2章　揺れてぶつかってつながる |

出ようとしません。ふと、食卓のコウちゃんが、フォークの手を止めて「マオちゃん、こないねえ」と言いました。「どうちたんだろうねえ」と、舌足らずのタイスケくんも、気になる様子。

　　保育士　「そうだよね。食べればいいのにねぇ」
　　タイスケ「うん」

マオちゃんはというと、その会話を耳をすませて聞いているらしく、ピタッと動きが止まっています。

　　保育士　「マオちゃんね、いっぱいゴロゴロしたいんだって。
　　　　　　いっぱいゴロゴロしたら、ご飯食べにくるよ、
　　　　　　きっと」

そう話すと、コウちゃんは「うん、くるよね」と、また食べはじめました。これを聞いたマオちゃん、だるそうなフリして立ち上がり、ノロノロと食卓へ。さり気なく手を拭いてあげると、そのまま食べはじめたのでした。それから、うって変わってのハイテンションぶり！　すぐにコウちゃんやタイスケくん相手におどけはじめ、いつになくはじけていました。A

> **保育の目のつけどころ**
> ゴロゴロしながらも、こちらの様子を気にしているマオちゃん。もつれた感情をなかなかほぐせない性格なので、無理に席につかせるのではなく、しばらく様子を見ることにしました。

> **保育の目のつけどころ**
> マオちゃんは、みんなが自分のことを心配してくれて、うれしかったのでしょう。友だちや保育士に共感してもらえたとわかっただけで、自分で気持ちを立て直すことができました。

消えたにんじん　　　　　1歳児クラス

　ハルちゃんとミクちゃんは、春先からずっとおもちゃの取りっこなど散々ぶつかり合っていながら、最近はお互い誘い合って遊ぶことが多くなってきました。
　冬に入り、朝の子どもたちの日課は、ままごとコーナーの赤ちゃん人形と動物のぬいぐるみを一つずつ抱いて「泣いているぅー、よしよし」とあやしたり、赤ちゃんのご飯を作ったり。包丁とお気に入りの具材を選び、テーブルでトントン……と本当

に切っているかのようなリズミカルな音。天井を見ながら切る離れ技を披露する子までいます。

　具材の中で一番人気が一本しかないにんじんで、今日、にんじんを手にしたのはハルちゃんでした。ご機嫌で切っていて、次の具材を選ぼうと横を向いた一瞬のすきに、ミクちゃんがにんじんをつかんでサッとうしろに隠しました。ふり返り、「あれ！　ハルちゃんのにんじんがない……」とキョロキョロ探すハルちゃん。ミクちゃんはうしろに隠しているにんじんをギューッとにぎりしめ、下を向いてじっとしています。

　"きっとミクちゃんは内心ドキドキだろうな。この事態にどう対処するだろう？"となりゆきを見守りたくなりました。そこで保育士は深入りせず、とりあえずハルちゃんに「食べちゃったんじゃないの？」と声をかけると、ハルちゃん「食べてない」。すると、いきなりミクちゃんがにんじんを包丁で切りだしました。それもハルちゃんの目の前でトントン……とじつに楽しそう。

　すぐににんじんを切っているミクちゃんが目に入ったハルちゃん。"あっ！"と動きが止まり、ジーッとミクちゃんが楽しそうに切っている様子を見ています。しばらくしてハルちゃん、何も言わず、さらにほかの具材を手にとりトントン……といっしょに包丁で切りだしたのです。今までだったら、すぐに取りっこがはじまって、どちらかが泣くことになる場面。でも今日は"まっいいか！"と切り替えたハルちゃんでした。

保育の目のつけどころ

実年齢２歳半ばのハルちゃんとミクちゃん。〈いっしょが楽しい〉という感覚をたくさん共有してきたからこそ、〈いっしょに楽しむ〉を優先できたのですね。途中で保育士が仲裁に入らなくて、よかった！

2　気持ちを立て直す・切り替える

1章　毎日の暮らしの中でちょっとずつつながる　　　　2章　揺れてぶつかってつながる

ぼくのやり方

2歳児クラス

　庭で遊んでいるとき、マサくんとヨシキくんがラケットの取り合いをはじめました。マサくんがラケットを2個抱えているのですが、どちらも貸せないようです。そこへヨシキくんの年長の姉とその友だちが仲介に入ってきました。
　「1つヨシキくんに貸してあげてよ」などと声をかけていますが、マサくんはムッとした顔で拒否。
　"2対1、しかも年長相手でもがんばってるな……"としばらく様子を見ていましたが、ヨシキくんの泣きもひどく、マサくんの表情も"限界かな"と思ったので、声をかけてみることに。

　保育士「マサくん、1つずつ使おうよー」
　マサ　「いや！」
　保育士「ヨシキくんも使いたいって。2つあるから1つずつにしよう」
　マサ　「いや！」
　保育士「でもヨシキくんも使いたいって泣いてる。……それでも貸せない？」
　マサ　「うん……」

　ラケットそのもので遊びたいというよりも、年長にも言われ、引くに引けなくなったのでしょう。「じゃあ、（貸してあげても）いいよって思うまで抱っこしてあげようか？」と言うと、ラケットから手を離し、ペッタリ抱きついてきたマサくん。
　しばらく抱っこして気分も落ち着いただろうと、「ラケットで遊ぼうか？」と声をかけてみると、「ううん」と首を振りつつ、「先生、ダンゴ虫いないね」と、涙目で話題を変えてきました。
　なんと、自分でちゃんと気持ちを切り替えているのです。ダンゴ虫探しを楽しみつつ、くやしい気持ちだったりプライドだったりをマサくんなりに消化しているようです。1つずつにしなきゃ

保育の目のつけどころ

わかっているけど、簡単にはゆずれない2歳児のプライド。そんな自分の思いに気づいてくれたおとなにちょっと甘えさせてもらえれば、方向は自分で決められます。おとなは甘やかすのではなく、気持ちを整理するための〈間〉をつくっているのです。

とも思っていたのでしょう。そう思うと、いじらしい！　Y

いっしょだねー

2歳児クラス

　散歩中、マサくんとコウシくんが手をつなぎ「おならブーブー、チンチン、ジャー」と盛り上がり、なかなかとまりません。伝染力の高いおなじみのネタ。"ほかの子たちも騒ぎ出す前にストップさせないと……こんな大通りだし……さて、どう声をかけるか"と考えていると、なぜか「コウくんがアンパンマン！」「マサがアンパンマンなの！」と言い合いをはじめ、だんだん険悪な雰囲気に。ところが、マサくんが急にやさしい声で「いっしょだねー」とコウシくんの顔をのぞきニッコリ。コウシくんも"？"とした表情のあとニッコリ、「いっしょだねー」。少し前ならこんなことでさえ泣きのケンカになっていたのに、"大きくなって"と感動する担任……。Y

保育の目のつけどころ

自分だけのアンパンマンよりも「いっしょだねー」の楽しさを選んだ2人。延々と続くかのようだった「ボクノ！」の日々もついに卒業――なんてすっきりとはいきませんけどね。

2　気持ちを立て直す・切り替える

1章　毎日の暮らしの中でちょっとずつつながる　　2章　揺れてぶつかってつながる

⑥ 保育の勘どころ　判定より切り替えを

子どもたちの真剣さがおかしくて、つい……

　3歳児クラスの秋。突然、サキちゃんがワァーンと泣きだしました。リョウくんが口をとがらせて文句を言い、そのまわりの数人もサキちゃんに文句を言っている様子。

　　チカ　「リョウくんがダメッて言ったの」
　　リョウ「サキちゃんが『幼稚園に夜もいな』って言ったの」
　　サトシ「だからリョウくんがダメッて言ったの」
　　チカ　「みんなもダメッて言ったの」
　　わたし「フーン、夜いるのもおもしろいんじゃない？」
　　サトシ「一人だけじゃいやだよ」
　　リョウ「だって、何も言わないのに言うんだモン」
　　ミサ　「そうだよ」

　リョウくん、チカちゃん、サトシくんが口々にわたしに状況を説明する間も、サキちゃんはすぐ横で大口を開けワァーワァー泣きっぱなし。なんとも単純な言い合い！　なのに、この真剣さ！　加えてこの取り合わせの妙！　気が強く口が達者なしっかり者のサキちゃん。かたや抜群の敏捷さであちらこちらとよく動き、それだけにサキちゃんにたしなめられることの多いリョウくん。それが今日ばかりはちょっと違う関係。おまけに、はげしく泣くサキちゃんに"ちょっと言いすぎたかな""まずかったかな"と案じ、それでも"サキちゃんのほうが悪いんだよ"と言いたそうな取り巻く面々の複雑な表情。

　「フーン」と聞いているうちに、こうしたことすべてがもうおかしくておかしくて、思わず大笑いしてしまいました。一瞬ギョッとした子どもたちは、笑い声に誘われるようにニヤニヤしだし、サキちゃんまで泣きやんでしまいました。それからみんなで顔を見合わせ、あらためてニヤニヤ笑い合い、わたしが「いやなこと言われたら、だれだってダメッて言うよねぇ」と言うと、みんなは「そーだよ」、サキちゃんは「へへへ」。そして何事もなかったかのように、それぞれのあそびの続きをしに散って行ったのでした。

下手な判定ではかえってこじれることも

　保育の場にはおとなの目が多いだけに、子どもたちのトラブルが起きるとすぐにおとなが駆け

つけ、介入して判定を下すことも多くなります。サキちゃんとリョウくんの場合は、はじめは2人だけの他愛ない言い合いだったのに、口の達者なサキちゃんが「幼稚園に夜もいなさい」と殺し文句を言い、そこでまわりがリョウくんに味方してサキちゃんが孤立したために生じたことのようです。

　こんなとき、子どもたちの話を聞き、事態の発端と展開を把握し、「そんな言い方をしたら怒るのは当然だ」と言えば、サキちゃんがそう言わざるをえなくなった事情は無視されたことになります。これではサキちゃんは納得しかねるはずです。一方、「一人にみんなで怒ったらいけない」などと言えば、サキちゃんに抗議しているリョウくんの怒りは、たまたま仲間が支持してくれたためにかえって認められないことになりかねません。これではリョウくんは納得できないでしょう。

　下手に介入し判定を下そうとすると、当事者の子どもにはどちらにも不満が残ることになりかねません。これが子どものケンカではないでしょうか。判定し白黒をつけるほどの明確な悪意がないことがほとんどだからです。灰色の部分を残して、「うーん、困ったねぇ。まっいいか、遊ぼう！」とみんなが思えることも大事です。

　子どものケンカでは、子どもたちも、もうやめたいと思いながらも引っ込みがつかなくて泣き続けてしまう、怒り続けてしまうということもあります。そんなとき、切り上げるチャンスをもらえば〈渡りに舟〉ということもあるのです。子どもにさり気なく逃げ道を用意して、それぞれが終わりにできることも大事なことです。

「まっいいか」で切り抜けるのも大切な力

　ひと昔前、路地裏に集まり、子どもたちだけで遊んでいた時代、おとなの目は遠く、子どものケンカにおとなはほとんど介入しませんでした。あそび仲間とケンカすることはしょっちゅうあったけれど、ケンカの尾を引きずって一人怒り続ければ、みんなが遊んでいても指をくわえて見ている以外ありませんでした。遊び続けるためには、一刻も早く気分を立て直し、何事もなかったふうをして加わることが必要でした。そしてそんな加わり方を〈お互いっこ〉で認め合っていました。

　判定役のおとなを駆り出さなくても、自力で自分の状態を把握し、「まっいいか」と気分を立て直すことができる子どもたちを育てたいと思います。そのためにも、おとなの目が多い保育の場では、子どものトラブルには、〈双方の気持ちはよくわかるけど、そう深刻になるほどのことじゃないんじゃない？〉のメッセージを、ときには保育士が率先して「アッハッハ」の笑いに託して送ることも重要な意味をもっていると思うのです。T

1章　毎日の暮らしの中でちょっとずつつながる　　　　2章　揺れてぶつかってつながる

3 笑って終わりがいいね

白でもない、黒でもない。笑い声が導く絶妙なふんわり着地、ほんわか気分が広がります。

笑いが救う？

1歳児クラス

夕方になると母恋しくなり涙が出るナミちゃん。
「ナミちゃん鼻水ふこうか」のやりとりを聞きつけたリュウくん、自分の顔に手をあてて鼻を探り、おぼつかない手つきでつまむ。
"おもしろい、しかもやっと鼻をつまんだ！"。「じゃあ目は？」「口は？」に、またぎこちない手の動きで鼻をつまむので大笑い。そんな様子にナミちゃんも泣いていられなくなりました。Y

保育の目のつけどころ

〈今泣いたカラスがもう笑った〉──まわりの明るい笑い声は、自分の居場所はここだと安心できる源。ほかの子がいるからこそできた方向転換ですね。

終わりよければ……　　1歳児クラス

　3月生まれのレイくんが、寝転んでミニカーを走らせて遊んでいると、そのミニカーを目にしてさっと持っていくツヨシくん。「あー……」と保育士に助けを求めるレイくん。気づかないふりをしていると、ツヨシくんはもう天井から吊るしてある風船の方に目が行き、さわろうとしています。
　すると、さっきまで落ち込んで半べそだったレイくんが、あわてて風船に近づき風船を抱え込んだのです。"おぉ、仕返しのつもり？"。でも、ずっと抱えてもいられず、風船は離れ……ツヨシくんはレイくんのそんな気持ちにまったく気づかず、揺れる風船にニコニコ……。その笑いにレイくんもつられて笑い出し、しばし2人で遊んだのでした。Y

> **保育の目のつけどころ**
> 〈気づかないふり〉は、"「返して」って自分ががんばってごらん"のメッセージ。果たしてがんばれるかどうか、保育士が口をはさまずにその後のレイくんを見守ることで、こんな場面に出会えました。

笑ってもらって、終ーわり　　2歳児クラス

　おやつのときのこと。遅れてやってきたマミちゃんが、「サオリちゃんの隣に座りたい」と言い、サオリちゃんも「いいよ」と言ってくれました。
　ところが、離れて座っていたミホちゃんが「ダメなのー！」と怒りはじめたのです。どうやらミホちゃんもサオリちゃんの隣に座りたかった様子。「サオリちゃんはミホちゃんのものなのー！」とミホちゃんの怒りはエスカレート。"いくらなんでもそれは……"と見ていると、リョウくんも同じように思ったらしく、「違うよねー」とひと言。でもミホちゃんはあくまで強気で「そうなのー！」と断固主張。とうとう大声で「違うー！」「そうー！」と言い合いがはじまってしまいました。
　それまでだまっていた保育士も、思わず「でも、サオリちゃんはサオリちゃんのものだよねー」と言うと、ようやくサオリちゃ

| 1章　毎日の暮らしの中でちょっとずつつながる | 2章　揺れてぶつかってつながる |

ん本人も「うん。ミホちゃん、いやだー」と言い返しました。そこでまたミホちゃんとリョウくんの言い合い再燃です。

　すると急にミホちゃんが、「もう知らない！　サオリちゃんもリョウくんも嫌い！　ねーミドリちゃん」と、隣の席のミドリちゃんに同意を求めだしました。でも、意に反してミドリちゃんまで「ミホちゃんいや」とのこと。するとすっかり孤立してしまったミホちゃん、急に「リョウくんとマミちゃんはケンカをやめなさい。キャッハッハッ」と笑いだしたのです。

　"えっ！　マミちゃんはケンカしてないじゃない"と思う間もなく、ほかの子も「キャッハッハッ」と大笑いです。もう少しこのことについて話し合ってもらいたかったのに、まったくそんな雰囲気ではなくて、この大笑いであっけなく幕切れとなりました。A

> **保育の目のつけどころ**
>
> 形勢不利とみたミホちゃん。窮状を打開すべく、笑いをとろうとして、見事成功。みんなも"そろそろもうこんな大ゲンカはやめにしたいなー"という気分になってきていたのかもしれません。大笑いすることでみんなの気持ちもフッと切り替わってしまったのでしょう。

カメラさん！　事件です！

3歳児クラス

　わざと友だちにちょっかいを出すことが楽しいコウくん。本人は楽しいかもしれませんが、まわりの友だちには迷惑なことも。そんなある日、ダンボールでできているおうちの中で、いつものごとくコウくんが、リオくんのお尻をバシッとたたきだしました。"あ……またはじまったな"と思い、ちょうどほかの保育士に折り紙のカメラを作ってもらっていたミユキちゃんに「すみませーん！　カメラさん！　事件が起きているので写真を撮ってください」と声をかけました。

　ミユキちゃん、得意そうに「はーい」とカメラを構えます。それを横目で見ていたナッちゃんも、あわててカメラを作ってもらって「パシャパシャ、ニュース！　テレビで流してください」とやりだしました。その間、わたしはレポーター。「あ、おうちもこわれそうです！　いつまで続くのかー！」と状況を説明。

　しかし、その間も懲りずにおうちの中でケンカし続ける男の子たち。一方、「事件」のまわりには女の子のカメラマンが増え、

パシャパシャ撮影。すると当のコウくん、いつの間にか負けじと手でカメラの形を作って撮影のポーズをし、女の子たちを撮りだしました。自分たちのケンカはどこへやら？Y

> **保育の目のつけどころ**
> ささいな理由のケンカのときは、切り替えるきっかけがあると、本人もまわりも、いっしょに楽しいことに向かっていけるのですね。

3 笑って終わりがいいね

結婚していただきます！
4歳児クラス

　ある朝、あいさつもせずクラスに勢いよく入ってきたコウくん、「あー、先生やっぱりこわしたなー」と。前日ブロックで作ったものが片づけられているのを見ていきなり文句です。「だって、夕方はこわして帰ろうって言ってたじゃない」と言い返しましたが、そんなわたしのことばなどまったく気にもとめず、視線は先に来てすでにブロックで遊んでいる友だちへ。そして「あー、レイくんが使ってたらコウのができないじゃん！」と今朝2発目の文句。

　そんなやりとりを聞いていたヤエちゃん、今までお絵描きして

1章　毎日の暮らしの中でちょっとずつつながる　　2章　揺れてぶつかってつながる

遊んでいたのに、ダーッと駆けてきてブロックの箱をムズッとつかみ、自分の方に引き寄せてガシャガシャ。とくに、数が少なく人気のある長いブロックをコウくんが手に入れる前に取ってしまおうとしているのです。何かと首をつっこまずにはおれないヤエちゃん。

"おやおや、やっぱり参戦してきたぞ。これはまた一悶着あるな"と思っていると、案の定、コウくんも負けまいと箱をひっぱり、「みんなで使うんでしょ！」「なんでとるのー！」と、取り合いに。じつはこの2人、お互いのやることが何かと目について文句を言わずにはいられないのです。まわりの子たちも"またこの2人がやってる"という目で静観。

「あのー、ヤエちゃんもさ、お絵描き途中じゃない？　コウくんもまだ朝のお支度もしてないしさー」と声をかけても、先に箱から手を離したら負けとでも思っているのか、まだひっぱり合い、言い合いを続ける2人。

"それじゃ……"と、「よし、もうこれは結婚してもらうしかないね。だって結婚したらさ、いつでもケンカできるし、いいんじゃない？」に、2人とも「えーやだー」「だって、ヤエはパパと結婚するしさ」と。

しかし、そんなことばにかまわず「先生さ、おっきい花束持っておめでとうって行くからさ」と言うと、まわりの子も「あたしたちもいくー」と言いだし、それにはヒートアップしていた2人も「やだー」と。ヤエちゃんはニヤニヤしつつお絵描きに戻り、コウくんは何事もなかったかのように朝の支度をはじめました。

お互い熱くなりやすい仲だけど、冷静になればけっこう切り替えられることもあるようです。

保育の目のつけどころ

機転をきかせたユーモラスな保育士のひと言が、気持ちを切り替える絶妙な〈間〉に。部屋に広がるニヤニヤ気分、こんなフワッとした空気が流れるときを大切にしたいものです。

笑って一件落着！

保育の勘どころ⑦

「ごめんなさい」がなくても

　子どものケンカを見ていると、「ごめんね」「いいよ」式の解決とはほど遠い、「えっ！　それでいいの？」と肩すかしをくらうような展開に出会うこともたびたびです。
　友だちにおもちゃを貸してあげられなくて意固地になっていた子が、第三者の友だちに頭をなでなでしてもらったとたんに表情が和らいで、貸してあげることができたことがありました。また、おうちごっこで、「いれて」「ジュースをわざとこぼすからいやだ」と言い合いがはじまったときは、その経緯を見ていた子の「まちがえてやった（ジュースをこぼした）んじゃないの？」の助け舟で和解できました。どなり合いの大ゲンカをしていたのに、友だちの茶化しで双方笑いだし、あっけなく終わったこともありました。
　毎日ぶつかり合ったり心が通じたりをたくさん経験する中で、「ケンカより遊びたいよね」という仲間関係が育ってきたことを実感する場面ですが、こんなふうに友だちに笑ってもらうことで、ケンカ気分そのものが吹き飛んでしまうことだってあるのです。

笑ってほしい！

　あとさき考えず、おとなが思わず子どものことを笑ってしまうこともあります。
　お絵描きしていたサトちゃん。片づけだと言われクレヨンを棚にしまいだしたのですが、ミサちゃんとしゃべりながらよそ見してやっているので、案の定、バシャーン！　あまりに絶妙なタイミングの失敗に、思わず大笑いしてしまいました。わたしのほうを見てニヤッとした2人は、ケラケラキャッキャッと笑いながらいっしょに拾っています。そして再度サトちゃんが棚にしまおうとしたその瞬間、箱の角が運悪く引っかかってバシャーンとまたまたひっくり返ってしまいました。これには3人が顔を見合わせて思いっきり笑ってしまったのです。
　ゲラゲラ笑いながら拾い集め、さあこれで終わりと思ったら、ナント、サトちゃんはわたしの顔を見ながらワザワザ箱を落としたのです！　明らかにわたしに笑ってもらおうと〈失敗〉したサトちゃんを見ていて、おとなに自分の〈失敗〉を笑ってもらうということは、子どもにとって、気持ちを切り替えたり、気分を立て直すきっかけとして、重要な役割をもつのではないかと思いました。

笑われる幸せ

　漫画家の石坂啓さんは『コドモ界の人』（1996年、朝日新聞社、pp.145-147）の中で、3歳

| 1章　毎日の暮らしの中でちょっとずつつながる | 2章　揺れてぶつかってつながる |

7 保育の勘どころ　　　　　　　　　　　　　　　　　　　　　　　保育の勘どころ⑦

　前半ころのわが子リクオくんの様子を次のように述べています。

　リクオはしっかりしゃべるタイプだと思うが、それでもいまだにエレベーターはエベレーター、オオサンショウウオはオーシャンションゴ、と発音したりする。周りに受けると、照れ笑いを浮かべたりする。
　トウモロコシのことは、ずっとトーボヨコシとかトーコボクリとしか言えなかった。夕食のシチューにコーンの粒が入っているのを見て「リク、トンゴロボシいらない」と言ったので、あんまりおかしくてわたしと妹が思わず笑ってしまったら、リクオは真顔になって、「リク、大きくなったら『トンゴロボシ』って言えるよ」と主張した。
　この場合はちゃんと発音して言いわけしたかったところだろう。

　リクオくんはおとなに笑われたとき、「照れ笑い」と「真顔で主張」の2つの反応があるようです。
　「照れ笑い」というのは、おとなたちが爆笑したとき、子どもがアレッという表情でおとなの顔を見、ついで居並ぶ顔々を見まわし、エヘヘヘと照れくさそうに笑うことでしょう。子どものこうした様子を見るとき、わたしは、彼らが、"アレッ、ヒョッとして、ボクっておもしろい？エヘへ……。ちょっとうれしい気分。ウヒャヒャ。……でも、なんか、ボク変なこと言っちゃったみたい……"と感じているような気がしてなりません。笑われてうれしい気分と、笑われるようなことを言ってしまった、でもどこが変なのかよくわからないというはじらいとが、同時にあるような気がします。
　「真顔で主張」のときは、自分の言い方が正しく言えてないから笑われていると知っているときです。と同時に、おとなのそのときの笑いが自分をバカにしてのことではなく、むしろ、自分のそんな〈失敗〉も含めて自分をかわいいと思っていてくれることを確信しているときです。
　こうした言いまちがいを笑うとき、おとなたちはじつに楽しそうに陽気に大口をあけて笑います。だから、子どもは自分があたたかいおとなたちの中心にいて注目される幸せを感じやすいのです。自分はこのおとなたちに愛されていると感じながら、"……でも、なんか、ボク変なこと言っちゃったみたい……"とも感じているのです。大笑いしたとき、おとなたちは子どもにいちいちどこがまちがいなのか、どう言うべきかなど説明しないことがほとんどでしょう。子どもも"まちがったみたい"というはずかしい気持ちがあるから、「どう言えばいいの？」などと聞いたりはしません。でも子どもは"なんかまちがっちゃったみたい"というひっかかりをもったまま、深く追求するわけでもないのだけれど気にはなっていて、あるとき"なぁーんだ、そうだっ

たのか"と合点がいく、そんなものなのだと思います。

いつまでも記憶に残る成長の通過点

　ある学生が、以下のような思い出を書いています。

　私がまだ4歳の頃、おばあちゃんに「郡山（わたしの実家の近くの町）に一緒に行こう」と言われ、ついていったことがあります。当然、私の頭の中には「郡山」はなく、「こおりやま」があったわけで、その直後に「こおりやま」は「氷山（こおりやま）」になっていました。電車にゴトゴト揺られながら、私の頭はすでに「氷のお山」に飛んでいて、想像は、あの絵本やTVに出てくる、鋭く尖ってピカピカと輝いた氷の山が2つも3つも連なって、というもので、とにかく、すごくワクワクしていたのを覚えています。

　約40分後、「着いたよ」とおばあちゃんは言いました。でも、辺りは思っていたよりも暖かくて、「なんだ、まだじゃん」と勝手に解釈し、ああ、まだこれからバスに乗って歩いていって、そうしたら氷のお山があるんだーと思っていました。でも、どうやらそこが「こおりやま」らしく、それでも私の想像していた景色はどこを見ても見つからなく、駅を出た瞬間に、私はかなり大きな声で、「ねえ、おばあちゃん。氷のお山は？」と聞いたのです。おばあちゃんははじめキョトンとしていましたが、しばらくして私のことばの意味がわかったようで、笑いながら、「郡山は氷のお山じゃないんだよ」と言いました。周りにいた知らないおとな達も、私を見て笑っていました。

　その時の心理といえば、まさに「照れ笑い」でした。注目されて嬉しいというか、まわりの笑顔があたたかくて、それでつられて笑ったという感じ。さげすみの笑いと好意の笑いの違いは、あんなに小さい頃でもわかるものなんですね。その時の周りの笑いが、好意の笑いだったから、心の中がとても幸せになったのを覚えています。
　　　　　　　　　　　　　　　　　　　　　　　　　　　　　　（T・Mさんのレポート）

　勘違いだったと気づかされ、その勘違いを笑われても、その笑いが子どもをあたたかく包み込むようなものならば〈心が幸せ〉になるのです。はっきりと笑ってもらってはじめて自分の勘違いを知り、同時に〈心の幸せ〉も感じるのでしょう。子どもの〈まちがい〉や〈失敗〉を笑ったら子どもを傷つけてしまう、というのは、他人をあざける笑いに慣れてしまっているおとなの解釈だと言えるでしょう。〈まちがい〉を笑う朗らかな笑いがあります。成長しつつある子どものこれからの可能性を信じているから、今の幼さを通過点として朗らかに笑えるのです。子どもの〈まちがい〉を笑う朗らかな笑いは、成長する子どもの通過点の記録なのです。A&T

| 1章　毎日の暮らしの中でちょっとずつつながる | 2章　揺れてぶつかってつながる |

4 ケンカするほど仲がいい？

ときには、ケンカは子どもにとってあそびの一つでもあるのです。

ケンカは楽しい　　　　　　　　　　3歳児クラス

　昼寝起きは、ストーブの前でボーッとしていたいハルカちゃんとマミちゃん。ストーブの前は狭いので互いの膝がぶつかったところからケンカがスタート！

ハルカ「いつもこうなんだからー」（怒りだし、マミちゃんをける）
マミ　「痛い！」（2人はにらみ合いはじめ……）
ハルカ「もう、うちのお父さんに怒ってもらうからね。うちのお父さんこわいよ！」
マミ　「マミのお父さんもこわいもん！」
ハルカ「うちのお父さんなんか、歯みがきのときテレビ見ちゃだめっていうよ」
マミ　「マミのお父さん、暗い所に入れるからね」

　ここでハルカちゃんは立ち上がり、マミちゃんをにらみながら、寝起きでボサボサの髪の毛をまるで武器のようにして、マミちゃんの顔の前でバッサバッサと揺らしだしました。その技に大笑いするわたし。ハルカちゃん「うちのお父さん、少ししか肩車してくれないんだからね」。
　「わははは、ハルカちゃん！　髪の毛がバサバサじゃまでしょ？　先に結んであげるよ。おいでよー」と声をかけると、笑

うわたしにもムッとしたみたいで、「もう……」とブスっとしながらドカドカ足音をたててわたしの所へ来ました。

そして、なんとまだこのケンカは終わってないらしく、ハルカちゃん「もう、マミちゃん！　だれもいないところでケンカしようー」と、マミちゃんに声をかけだしたのです。

なんておもしろいケンカ！　続きにとても興味がありましたが、残念。もうおやつの時間なので、「おやつにしますよー」と声をかけました。

さっさと手を洗い席に座ったマミちゃんを見て、ハルカちゃんは「はなれちゃおーっと」と遠くに座りました。……が、気がつくと、なぜか2人はしっかりと隣に座っていたのでした！　Y

> **保育の目のつけどころ**
> 言ってることは一人前（？）のつもりの子どもたち。でもよーく聞いていると笑えてしかたありません。こんなケンカはあそびの一つ。じゃませず見守りたいものです。

わかっているよ

4歳児クラス

テーブルを囲んで粘土あそびをしながらおしゃべりにも花咲かせていると、ケイくんとレイくん、からかうとしっかり反応してくれるヤエちゃんを挑発しはじめ、「ヤエちゃんはさー」と、こそこそ、ニヤニヤ……。まんまとひっかかったヤエちゃん「なにさ、ケイくんへんなの！」。

そこへミサちゃんも加わり「へんなのー」と、男対女の言い合いに。"まったく、にぎやかに言い合い楽しんじゃって……"と思い聞いていると、案の定、エスカレートして調子にのりだしたミサちゃん「このじじいー！」。

するとずっとやりとりを聞きながら粘土あそびをしていたリンちゃん「あ、じじいって言っちゃいけないんだー」と。冷静に第三者から言われて、みんなは一瞬、シーンとしてしまいました。

しかし、また懲りずに言い合い再開。すると急にミサちゃんがシクシクおおげさに泣きだし「そんなこといったらカナシイー」と言いながら、わたしに視線を送ってきたのです。

「でもさ、ミサちゃんだって言ってなかった？」と返すと、気

| 1章　毎日の暮らしの中でちょっとずつつながる | 2章　揺れてぶつかってつながる |

に入らなかったらしく、フンっとままごとコーナーへ行き、そこで遊んでいたアミちゃんやマリちゃんの目の前で、落ちていた布をふりまわしはじめたのです。

"あらあら、八つ当たり……"とため息をつきながらアミちゃんたちを見ると、やっぱり"あらあら、困ったわねー"という表情をして、わたしを見返してきました。「ミサちゃんの布がマリちゃんたちにぶつかってるよ」と声をかけてみましたが、なかなかおさまらない様子。

するとアミちゃんたち、粘土あそびテーブルでのミサちゃんたちのにぎやかな口論は、ままごとしながらも聞いていて、ミサちゃんの気持ちも察していたのでしょう。「ミサちゃんも、おねえさんする？」と誘ってくれたのです。ミサちゃんは、もちろんうれしくなって加わっていました。Y

保育の目のつけどころ

毎日いっしょに過ごす友だちだから、お互いの気持ちもわかるのでしょうね。ときにはお茶らけて笑い合い、ときには八つ当たり。そんなお互いを大目に見られる関係はまるできょうだいのようです。こんなトラブルは、子どもたちだけで解決できるのです。

ワーッと燃え上がってスッキリ　　4歳児クラス

　食事の配膳の手伝いをしている最中、突然大泣きのケンカをはじめたショウくんとケンくん。「お前が悪い！」「お前だ！」と、お互いに取っ組み合わんばかりの勢い！　この2人、何に対しても熱くなるタイプで、食べ物が並んだ狭い場所では危ないと感じ、廊下へ押し出しました。
　2人の頭は沸騰点！　大泣きしながら「お前がいけないんだ！」「お前だ！」とどなり合っています。友だちも"どうしたんだ？"という顔で集まってきて、とにかく2人を引き離します。
　ところが2人は、ただ「お前が悪い！」とくり返すだけで、ちっともわけがわからない。「いったいどうしたのよ」と、間に入ることにしました。
　するとショウくん「まちがえただけなのに、ケンが笑ったんだ！」。ケンくんも負けじと「オレのこと、ショウがぶった！」と泣いて叫び、さらにヒートアップ。

　保育士「ちょっと待って。何をまちがえたの？」
　ショウ「お茶がこぼれたの！」

　そして2人で向き合って「うおー」「うぇーん」と吠えるような大泣きです。
　つまり、ショウくんがお茶をこぼしたのを見てケンくんが笑い、それに怒ったショウくんがケンくんをたたいた、ということらしいのです。まあ、たいしたことではないのに、ここまで大泣きできるなんて、とあきれるやらふき出しそうになるやら……。
　2人は、思いを説明したあとは取っ組み合い体勢をやめ、「なんでオレのこと、笑ったんだよ！」「お前だってぶったじゃないか！」の言い合いに。
　そこで、わたしもその場を離れることにし、「ケンカ終わったら部屋に入ってきてね」と声をかけました。まだまだ2人は感情

を発散させないと収まらないと思ったのです。

　その後5分間ぐらいは大泣きのどなり合いをしていたでしょうか。2人をなんとかなだめようとしていた友だちも、とうとうあきらめてしまったくらいでした。

　と、2人はクラスでみんなが給食を食べはじめているのに気づいて、一気にクールダウン。ドア越しに友だちをボーゼンと見つめるその顔は、"もうケンカやめてご飯食べたいなあ……でも、引くに引けない"といった感じ。

　そこで廊下へ顔を出し食事用ボウルを差し出して、「これ、隣のクラスに持っていって」と頼むと、「うん！」とすんなり2人で仲よく置きに行き、戻ってくると何事もなかったかのように食べはじめました。A

> **保育の目のつけどころ**
>
> ふき出た感情を抑え込むのではなく、感情を出すことから、やがて自分で自分をコントロールする力がついていきます。さっきの大ゲンカをはじらうこともなくみんなのところに戻れる2人、そんな2人を当然のように迎えるみんな。2人の出番をつくった保育士のひと言は、「一件落着！」の合図だったのでしょう。

対等な仲間関係が心地よさを生む

保育の勘どころ⑧

一人ひとりが心地よく過ごせているか

　クラスの子ども集団を見るときに、一人ひとりがそこにいることに心地よさを感じているかどうか、自分らしく過ごせているかどうかは、もっとも大切にしたい視点です。子どもによっては、友だちと群れて過ごすのが好きな子もいれば、自分の世界を楽しむのが好きな子もいます。あそびに一人じっくり取り組みたいときもあれば、友だちと遊びたくなるときもあります。性格は一人ひとり違うし、その時々で求める心地よさが異なるのは、当たり前のことなのです。

対等なケンカごっこ

　4、5歳児（とくに男の子）を見ていると、自らじゃれ合いを求め、ぶつかり合いを求め、力くらべをしたがっているかのように見えるときがあります。また、ことばが達者な子（とくに女の子）の場合には、ケンカをはじめても解決することをまるで望んでいないかのように、ことばの言い合いを楽しんでいるときがあります。ケンカは、持てる精一杯のコミュニケーション能力を発揮できる絶好の機会なのでしょう。

　3歳児クラスで、自分から仲よしの友だちに「ケンカしようよー」と声をかけて、「ごめんね、ごめんねって言ってるのに、ゆるしてくれなーい」と言いはじめた女の子がいましたが、まさにあそびの一つとして〈ケンカごっこ〉をおもしろがっていたのです。ちょっとしたことでケンカになって、さっきまであんなにカッカしていたのに、ちょうどよい頃合いに「ごめんなさい」もかわさずに元へ戻って、いつのまにか笑い合っている。行きすぎたことに気づいているのかいないのか、それは判然としないけれど、もうすんだことには、お互いこだわっていない様子。そんなきょうだいのようなあうんの呼吸のやりとりができる関係っていいなあと思うのです。

保育士が外から働きかける必要があるとき

　力が拮抗していて、ささいな理由のケンカのときは、保育士は一歩引いて、さらりと対応するにとどめます。でもこの〈ケンカごっこ〉、ともするとケンカ好きの子が一方的におとなしい子に文句をつけていくといった、いじめに近い構図にもなりがちなので注意が必要です。ちょっかいを出したがる子の心中も考える必要があるだろうし、子ども同士の関係をよく見きわめることも大切でしょう。実際、集団の中の一人ひとりを見てみると、すでに力関係ができていて、強い子にいやなことをされても、何も抵抗できない子がいることに気づきます。頭の回転の速さや言語力の差による違いもあります。また、友だちとかかわりたい気持ちがつのってくると、一方的

に好きな友だちを自分の思い通りにさせようと、ときには腕力やことばを使って強引にねじ伏せようとする姿も見られます。

　以前4歳児クラスで、一人の男の子にほかの男の子たちのあこがれが集まり、いつも5、6人がついてまわる姿がありました。強い男の子を先頭に一列に並んで歩くまねっこあそびです。先頭の強い子が石を飛び越えれば、うしろの子どもたちも次々に飛び越え、彼が台にさわればうしろの子どもたちも次々にさわっていくのです。命令あそびも加わり、「ここに座れ」と言われれば、従順に座って待っています。命令する側の子に「たまには順番変えてみたら」と聞くと、「だって、みんなついてくるんだもん」の返事。従う側の子に聞いてみても、「だって、○○くんが大好きなんだもん」。「命令されておもしろいの？」の質問には、「うん、おもしろいよ」とくったくない返事です。

　あそびとしては、まねっこあそびもアリなのでしょうが、日常生活も同様となると放っておけません。保育士としては、〈従う・従わせる〉の関係を固定化させるのではなく、対等に言い合える関係を育てていきたいと思うのです。とはいえ、従うほうも従わせるほうも、まだ自分の心さえ見えていない、混沌とした中での行為だったりするので、〈自分ルールから、みんなのルールへ〉〈友だちをおもちゃにしない〉といった〈ルール〉だけを伝えても、すぐに「わかった」とはいかないでしょう。このときは、ちょっと時間がかかるのを覚悟して、力関係を少しずつ外から揺さぶってみることにしました。

友だちとつながる経験をじっくり積み重ねる

　よく見ていると、従っている子のほうが、いつものように強い子からいっしょに遊ぶようにと一方的に命令されたとき、ちょっととまどいの表情を浮かべたときがありました。すかさず、「あれ？　まだ遊んでいたいんじゃないの」「やりたくなかったら、いやだって言っていいんだよ」などとその子の思いをことばにして、さり気なく心を揺さぶります。あくまでも本人の思いを尊重し、長い目で見守りながら、その子自身が相手の要求に従いたくないときもあると、はっきり自覚できるまで待つのです。

　だんだん"本当は自分はこうしたい"という気持ちが育ってきて、強い子の言いなりになる楽しさは薄らいできているのに、強い子に遠慮して自分の気持ちが言えずにいる子には、その子にではなく、相手や子どもたち全体に向けて、「みんな、やりたいあそびをしていいんだよ」「友だちは、思い通りにはできないよ」などと投げかけます。

　このくり返しの中で、それまで沈黙を守っていた子どもから「やっぱり、こっちのあそびをしたいな」のことばが出てきたときは、関係の変わり目です。自分の思いをことばにして、相手に

しっかり伝えられるよう後押ししたり見守ったり……、それぞれの子どもたちの成長を見守りながら、友だちとつながる経験をじっくり積み重ねていきました。

〈強い〉子の試練にもていねいに寄り添う

　〈弱い〉子どもたちが自分のやりたいことを主張し、〈強い〉子に反発しはじめると、〈従う・従わせる〉の関係は崩れていきます。ふつふつと湧き出てきた抵抗心、それがある日突然、「もう、いやだ！」とはじけて、ぶつかることもあるのです。まわりの友だちの急な変化に、一転とまどうのは、それまで強さを謳歌してきた子のほうです。従ってくれる友だちがいなくなり、葛藤と試練の日々。うって変わってことば少なく、友だちに遠慮がちに沈み込む姿は、心の痛手を感じさせられます。

　今度こそは、保育士が悩み苦しんでいるその子に寄り添うときです。ひとりさびしそうにしているときは、「いっしょに遊ぼう」と声をかけ、落ち込んで元気がない様子に「つらいね……」と肩を寄せたりして、"あなたの味方だよ"の気持ちを込めます。自分の思いを押しつけず、友だちの思いを受け入れて遊ぶことを学ぶのは、なかなか大変なのです。つらいだろうけれど、友だちのことばを受け止め、ちょっとずつでもかかわり方を変えていってほしい。余計なことばをかけるよりも、心の中でエールを送ります。

　集団の友だち関係の中では、さまざまなドラマが日々起こっていて、その中で一人ひとりが、他人とのつながり方やつきあい方を覚え、〈自分〉を見つけていきます。友だちとの心地よいつきあい方を知ることは、生きやすさにつながるのです。

〈変わる力〉は子ども自身が持っている

　こうした友だち関係の問題は、本人同士だけにとどめず、ときにはクラス全体のこととして保育士の思いを伝え、問題提起してみることも大事でしょう。〈友だちがいやだと思うことは、やめよう〉〈いやだと思ったら、ことばで伝えよう〉〈ケンカしたあと気まずいときは、その友だちとしばらく距離をおこう〉などなど、友だちと心地よい距離感をもってうまくつきあうためには、こんなにがまんすることがあるのです。〈たいしたことではないなら、見過ごそう〉といった〈やり過ごす力〉も、心地よい距離感を保つためには、とても必要なことだったりします。

　"ぶつかり合うよりも、笑い合うほうがいいよね"は、みんなに共通する思い。その解決したい気持ちがあるかぎり、ぶつかり合いや葛藤をくり返しながらも、〈変わる力〉は子ども自身が持っているのです。友だちとつながる経験を積む中で、生きづらさを解きほぐし、かかわり方や心の整理の手助けをしていきたいですね。A

5 自分の気持ちをつかまえる・解き放つ

もつれた心の糸口をいっしょ見つけてくれる仲間がいるから、自分から変わっていけるのです。

ムシャクシャ家族VSニコニコ家族　4歳児クラス

　『むしゃくしゃかぞく』という絵本があります。この絵本は、いつもムシャクシャして、ぶったり、けったり、突き飛ばしたりばかりしていて、「楽しいね」とか、「おいしいね」とかも言わず、ケンカばかりして暮らしているムシャクシャ家族のお話です。ところが、そんな家族のもとへ、ある日ふわふわぽわんがやってくると、家族のムシャクシャした気持ちが少しずつ消えて、いつもニコニコ気分になり、ついに名前も「ニコニコ家族」に変えるのです。

『むしゃくしゃかぞく』
ラッセル・ホーバン 作
リリアン・ホーバン 絵
福本友美子 訳
あすなろ書房

　4歳児クラスの子どもたちに読んでみました。ケンカばっかりのシーンには大笑いしていた子どもたちですが、ふわふわぽわんと出会ってムシャクシャ家族が変化していくにつれ、いつしかゲラゲラ笑いから、ニッコリ静かにほほえむ笑いへと変化。読み終えて「みんなのおうちは、ムシャクシャ家族？　ニコニコ家族？」と質問すると、ほとんどの子が、「うちはムシャクシャだよ。だってさ、ママはいっつも怒ってるしさ、パパも『うるさーい』っていうしさ」とこたえました。

　「よーし、それじゃみんなにふわふわぽわんをあげるね」と絵本から、ぽわんをつかむまねをし、「今日、ムシャクシャしてるおうちの人にそーっとつけてごらん。もし『なーに？』って言われたら、『ううん、なんでもない、ふわふわぽわん』ってこたえるだけね」と言いながら、子どもたちに手渡しました。みんな

3章　笑いと楽しさでつながる　　　4章　いっしょに心を動かしてつながる

　も、大事なものをもらうように、そぉーっと受け取りました。
　次の日早速、「きのうね、ママにぽわんあげたけど怒ってたよー」と報告がありました。そこでクラスだよりで本の紹介をし、おうちで「わが家はムシャクシャ家族か、それともニコニコ家族か」と子どもたちに質問をしてもらうことにしました。
　翌日の連絡帳には、保護者からたくさんの感想が届きました。

　「迷わず、ムシャクシャ家族とこたえられました。わたしもそう思います。その後、『ぽわんあげるから大丈夫！』と言ってくれました。しかし、今朝はごはんをなかなか食べられず、叱ると、『昨日ママにぽわんあげたのにー』と怒られてしまいました」（ヤエちゃんのお母さん）

　「スーパーで買い物してるときに、『パパ、ふわふわぽわんを入れたんだけど、マミちゃん（妹）のこと怒ってたよ』って言われました。いろいろな目でおとなを見ているんですね。そして質問には『わからない』と回答。気をつけないといけないですね」（ナミちゃんのお父さん）

　おとなだって、子どもだって、ムシャクシャする。でも、だれかが、ぽわんを心にもつと、ニコニコへ変わることもできるかもしれません。
　その後、こんな出来事がありました。食事中、同じグループで

5　自分の気持ちをつかまえる・解き放つ

保育士の胸のうち

お父さんやお母さんも、ムシャクシャ・イライラすることだってあるのが当たり前。でも、子どもたちも、結構いろんなことを感じとりながら家族の一員としてがんばっているんですね。おとながほんの少し肩の力を抜いて子どもと向き合うことで、ほんわかあたたかい気持ちが広がったらいいな、そのきっかけになればと、家庭に投げかけてみました。

| 1章　毎日の暮らしの中でちょっとずつつながる | 2章　揺れてぶつかってつながる |

いつも互いのやることに文句つけては言い合うヤエちゃんとコウくん。その日はいつにもまして、「先生ー、ヤエちゃんが、お箸なめてまーす」「先生ー、コウくんが、バカって言います」「いーけないんだけないんだ、手で食べて」などなど。「もう、ケンカばっかりで、そこのグループで食べてたらいやな気分でおいしくないよねー」とまわりの子へ声をかけ、2人にさり気なく注意。それでも2人はまったくやめる気配もなく……。「みんな、こっちに引っ越ししておいでよ。ケンカばっかり聞いていやだよねー」と言うと、2人以外はいそいそと食器を手に移動。そして当の2人はお互い"相手が悪いもん！"の表情。

「いつまでもケンカしてさ、あそこのグループはムシャクシャグループだね」とあえてつぶやいてみると、みんなも「ムシャクシャだー」と笑いだし、2人は急に、「ふん、先生の（その日たまたまいっしょに食事していたグループ）グループがムシャクシャグループだよねー、コウくん」「ねー、こっちはニコニコグループだもんねー、ヤエちゃん」なーんて、さっきのいがみ合いはどこへ？　仲よく2人っきりでごはんを食べたのでした。Y

保育の目のつけどころ

〈ムシャクシャ〉ということばを知ることで、なんだかわからなかった感情をつかまえることができました。そしてことばにすることで、不思議とクラスの空気がなごやかになりました。

友だちを拒否しているように見えて、じつは……

4歳児クラス

　4歳児クラスの春。発達の遅れがみられるショウヤくんは、新しい保育室の環境や友だちにも、異動してきたばかりのおばさん担任（わたしのこと）にも、興味がないようです。集団にはまじわろうとせず、その日手伝いに入ってくれたアルバイトのかわいいおねえさんにベッタリ甘え、膝の上に座ってキャラクター絵本に見入り、とても幸せそうなのです。ところが、友だちがその本をのぞこうものなら、「イーッ！」と威嚇し、友だちの顔めがけてひっかこうとします。クラスの子どもたちは、ショウヤくんに近づくとひっかくからこわい、と思っているようです。いつでも

保育士の胸のうち

自分の感情のままに暴れる生活。集団への適応がむずかしい分さらなる〈受け入れ〉が必要とされがちです。でも、じつはその本人も、気持ちよく自分を出せているわけではないのではないか、不自由さを感じているのではないかと思いました。

保育士がピッタリくっついて対応し、友だちも近づくことがない、そんなショウヤくんのまわりには、クラスとは違った空間がポッカリあいているかのようでした。

簡潔なことばで伝える

　ショウヤくんはことばも遅れていて、要求は身ぶり手ぶりで伝えようとし、うれしいときは「キャー！」と奇声を上げます。「今は静かに……」と話しても、そのことばはショウヤくんの頭を素通りし、理解していないかのよう……。

　そこでわたしは、ショウヤくんの好きなことをいっしょにする時間を意識的に確保して関係づくりをしながら、同時に、おもちゃを投げたときなどは指で×印をつくり、「ダメ、ダメ」と伝えるようにしました。このように簡潔なことばで伝えると、ショウヤくんは保育士と目が合い、"アレ"という顔をして、やめられるようになっていきました。

保育士の胸のうち
"どうせ言ってもわからないから"とあきらめるのではなく、いろいろ試み、ショウヤくんにわかる方法を工夫し、くり返しました。

マモルくんと手をつないで

　散歩では、ショウヤくんは友だちとではなく、必ず保育士と手をつないでいました。わたしが手をつないでみると、なるほどショウヤくんは歩く道すがら、あちこちに興味が行き、さわりたい、ひっぱりたい、行きたいの連続なのです。そうなると、手をつないでいるわたしの手がじゃまになり、離せとばかりに手をひっかき、それがかなわないとわかると、怒ってたたいてくるのです。そのたびにわたしは、「（ひっかくのは）ダメ」と、何回でもくり返し伝えました。

　ショウヤくんの手を出す理由がだいたいわかってきたので、次の散歩ではマモルくんに、ショウヤくんと手をつないでもらうことにしました。マモルくんなら多少トラブルがあっても大丈夫だろうと思ったのです。そんなマモルくんでも、ショウヤくんとの手つなぎを頼まれると、「えー、ひっかかれるからいやだなぁ」と、引き気味。そこを半ば強引に「よろしく」とお願いし、わたしは横についていくことにしました。

保育士の胸のうち
保育士とだけではなく友だちへと関係を広げていきたい、まわりの子にもショウヤくんとかかわりをもってほしいという思いをマモルくんに託しました。

5　自分の気持ちをつかまえる・解き放つ

1章　毎日の暮らしの中でちょっとずつつながる　　　2章　揺れてぶつかってつながる

　やはり、ショウヤくんは道ばたの自転車をさわろうとし、民家の門の取っ手もひっぱろうとします。そのたびにマモルくんに引き戻され、怒ってマモルくんの腕をひっかこうとする……。
　と、そのときすかさずわたしが「ダメ」と声をかけるのです。声をかけられればわたしの顔を見て、手をひっこめるショウヤくん。それでも怒りが収まらなくなるときがあり、そんなときはマモルくんには先に行ってもらい、ショウヤくんと向かい合います。
　「（ひっかくのは）ダメ、バイバイ！（もう帰るよ）」と目を合わせて伝えると、ショウヤくんなりに反省して、「うんうん」と小さくうなずくのです。それからマモルくんと再び手をつなぐのです。

置いていかれるのはいや
　このくり返しの中で、だんだんとショウヤくんのひっかき行為は少なくなり、わたしがそばについていなくても、安心して見ていられるようになりました。
　ショウヤくんも友だちと手をつなぐのを楽しみにしていて、とくにしっかり者のやさしい女の子が大好き。散歩へ行くとなると、ノゾミちゃんやハナちゃんなど、お気に入りの女の子を選んでピッタリ寄り添い、手をつないでもらうのです。
　ノゾミちゃんたちも、「ショウヤくん、かわいいよねー」と目を細めつつ、「でも、手をつなぐの大変なんだよね……」とちょっぴりため息です。それもそのはず、道ばたの自動販

売機を見つければ「こー（れ）、たー（べ）たい！」と歩みが止まってしまい、手をひっぱってもなかなか進んでくれません。ショウヤくんの前には長い間隔があき、うしろの友だちからは「早く行ってよ」とせっつかれてしまいます。

　そこで考えたのは、ショウヤくんを列の一番うしろにすることでした。途中ショウヤくんが歩みを止めてしまったときは、ノゾミちゃんに「手を離して先に行っていいよ」と声をかけ、わたしも手を振りながら「バイバーイ」と先を進みました。ひとり置いていかれたショウヤくんは、"これは大変！"とばかりにタッタタ……とあわてて走りだし、列に追いつくと「よ（か）ったー」と、うれしそうにノゾミちゃんと手をつなぐのです。その姿がかわいくて、ノゾミちゃんも手を伸ばして待ってくれます。

ショウヤくんに喜んでもらいたい

　こうしてショウヤくんは、だんだんと友だちとかかわりをもち、ごっこあそびの中にも入って遊ぶようになりました。それにとても感動家で、友だちがボールを空高く投げ上げたときやコマをまわしたときなど、「すごーいすごーい！」を連発し、手をたたいて喜ぶのです。友だちもショウヤくんに感動してもらいたくて、カッコイイところを見せたりするようになりました。A

保育士の胸のうち

終始マイペースのように見えるショウヤくんですが、じつはまわりの状況をよく見ているのですね。あわてて列に戻ろうとする姿から、ショウヤくんの中にある友だちを求める気持ちが見えてきました。
ショウヤくんは友だちを拒否しているように見えて、本当は仲よくしたいと思っているのではないか。それなら、外へ視野を向けさせ、まわりに合わせて過ごせるように働きかけることも大切なのでは……。
真剣に向き合おうとするおとなの思いを敏感に察知したとき、子どもは一歩踏み出そうとするのではないでしょうか。

コヌマくんの園内行脚
4歳児クラス

　気に入らないことがあるたびに、友だちに猛突進していくはげしい性格のコヌマくん。一度パニックを起こすと、わけがわからなくなり、押さえていないと危ないのです。その日の朝も、ブロックの取り合いから「オレのブロック！」と怒りだし、その興奮を抑えるために、いつもの園内行脚へ出かけました。

　鼻息荒いコヌマくんの手をしっかり握りしめて、まずは隣の3歳児クラスへ。そこにいた保育士から「アラ、どうしたの？　コ

| 1章　毎日の暮らしの中でちょっとずつつながる | 2章　揺れてぶつかってつながる |

ヌマくん」と、声がかかりました。そこで、「相談したいことがあるんです……。コヌマくん、どうしてもブロックを全部使いたくて、友だちをたたいちゃったんです」と説明すると、「たたくのはいけないですねえ」と言われました。

「でもコヌマくんは、どうしてもブロックを使いたいんです」
「困りましたねえ。みんなのブロックだから仲よく使ってほしいですねえ」
「でもコヌマくんは、どうしても、どうしても、みんなと使うのはいやなんです」
「それは困りましたねえ」

　コヌマくんは、この会話をじっと聞いています。解決したいわけではないので、これ以上話す必要はありません。「どうしたらいいんでしょうか……」とだけ返して、また行脚です。次は事務所へ向かうと、園長から「違うあそびをしたらどうですか？」と助言されました。わたしはコヌマくんの思いを代弁し、「でも、コヌマくんは、どうしてもブロックで遊びたいんです」とこたえます。こんな問答を何回もくり返していくうち、コヌマくんは落ち着いていきました。自分の思いをそのまま言ってくれるし、まんざらでもない様子。むしろ、だんだんと神妙な顔になっていく

> **保育の目のつけどころ**
>
> 「でも、コヌマくんは……」の問答を一番聞かせたかったのは、コヌマくん本人です。保育士がコヌマくんの思いをしつこいくらい何回も代弁していくうちにクールダウンしてきて、保育士のことばが耳に入るようになっていきました。

のがおかしかったのでした。A

仲よしの友だちがいれば、言える　　4歳児クラス

　ソラくんは４月当初、クラスの男の子たちとまじわろうとせず、落ち着きなく一人で走りまわる姿が目立っていました。鬼ごっこに誘っても、「やらない」と言い、いやなことからは逃げて気ままに遊びたいというふうです。時々、男の子グループのボス的存在のタクヤくんに何か言われているようなのですが、「何か言われた？」と聞いても、「わかんない」というこたえが返ってくるのみ。この「わかんない」は、"わかっているけど、言いたくない"気持ちの裏返しだと思いました。

　そんなソラくんが、夏近くなるとマユウちゃんと仲よくなり、いっしょに遊ぶ姿が見られるようになりました。２人が庭で追いかけっこしていたときのことです。走り抜けようとしたソラくんに、そばにいたタクヤくんがけりを入れたのを目撃。これはチャンスと駆けつけ、「あー、見たぞ見たぞー」と声をかけました。ここでまず説明をはじめたのはマユウちゃん。

「あのね、ソラくんなんにもしてないのに、タクヤくんがけったんだよ！　なんにもしてないのに」
「えっ、そうなの？」

　タクヤくんは、まずいところを見られたと思ったのでしょう。いつもは自分を正当化するのに、目をそらしてだんまりを決め込んでいます。そしてソラくんは、体は引いているけれど、目はいつになく真剣。怒っていることがわかります。
「なんにもしてないのに、けったの？」と再度確認すると、ソラくんは、タクヤくんに訴えるというよりも、わたしに説明するかのように静かな小さな声で、「あのね、ソラなんにもしてない

5　自分の気持ちをつかまえる・解き放つ

77

| 1章　毎日の暮らしの中でちょっとずつつながる | 2章　揺れてぶつかってつながる |

のに、タクヤくんが『どけ』ってけったの」と話してくれました。

「もしかして、前もこんなことあった？」と聞くと、「えっ、あったけど」と、なんとなくごまかすソラくん。タクヤくんと向かい合うことは、まだこわくてできないようです。

「そう、じゃあ、これからいやなことがあったらすぐに先生に言ってね。わたしからタクヤくんに話すから」。タクヤくんに聞こえるようにはっきりと伝えると、ソラくんは「うん」とうなずいてくれました。A

> **保育の目のつけどころ**
>
> 子どもにとって、クラスの友だち関係は重大問題。ときには保育士が盾になり、自分が出せるように後押しすることも大切です。それにしても仲よしの友だちがいるって、こんなにも心強いものなのですね。

ジャムパンがいい？　バターパンがいい？

5歳児クラス

心を閉ざすマサキくん

クラスの子どもたちの性格がわかってきた夏ごろでも、新担任のわたしはマサキくんの心をつかめずにいました。

6月の半ば、マサキくんはわたしに怒られたのをきっかけに保育園を抜け出そうとしました。マサキくんとそのことで話し合おうとするのですが、マサキくんは「わかんないよー」「忘れちゃった」をくり返すのみ。会話にならず沈黙が続いたあと、「マサキくんのこと信じたいけれど、信じられなくなったよ」とわたしがため息まじりに言うと、はじめて「信じられる（信じていい）」とこたえたのでした。

その後もマサキくんは、ライダーキックをしてガラス窓を突き破る、カッとなって友だちにハサミを投げつけるといった出来事を次々に起こしました。ただ以前と少し変わってきたのは、ハサミを投げつけたあと、"しまった"というように頭を抱えたりするようになったことです。

そしてこの日も、友だちに乱暴なことをして、ようやく仲直りしたあと、食事に手をつけようとせず、遠くを見つめたその目からは、涙がポロポロ流れ出ました。マサキくんの頭の中は、"ど

うしてこんなふうになってしまったのか、わからない"と、混乱していたのだと思います。

わたしはマサキくんに寄り添ってあげるしかなくて、「つらいんだよね、泣いていいよ」とだけ言いました。こうして、ひとしきり涙をこぼしたマサキくんは、「ジャムパンがいい？ バターパンがいい？」とのわたしの質問に対し「ジャムパンがいい」とこたえ、気を取り直して食べはじめたのでした。

秘密の時間

マサキくんは、昼寝が大嫌いでした。「昼寝」と聞くと、部屋の隅に隠れたりするのです。ある日のこと、そんなふうに隠れていたマサキくんを呼びとめて、絵本を読んでみました。驚いたことに、わたしの膝の上にちょこんと座り、静かに聞き入っているのです。だれもいない部屋にわたしと2人きりでいるマサキくんは、とても素直で甘えん坊でした。この日から、昼寝前の本読みタイムは恒例となりました。園長はじめ、職場のみんなの協力を得て、ほかの子どもたちが寝入ったあとに、マサキくんだけそっと呼び寄せ、わたしと2人の秘密の時間がはじまるのです。昼寝がなくなる年明けまで、この秘密の時間はほかの子どもたちに知られることなく続けられました。こうしてクラスで一番こわい存在だったマサキくんは、少しずつおだやかになっていき、クラスの雰囲気もずいぶん変わっていきました。

> **保育士の胸のうち**
> 友だちにもおとなにも決して弱みを見せないマサキくん。なんとかして心を開いてほしい。"そんなに意地をはらないで、甘えたっていいんだよ"と言いたかったのです。

> **保育士の胸のうち**
> みんなの前ではむずかしくても、信頼できる保育士の前なら弱いところを見せられたマサキくんでした。1対1の絵本の時間はありのままの自分でいられる心地よい時間だったのでしょう。

5 自分の気持ちをつかまえる・解き放つ

チャンバラごっこから侍劇場へ

　このマサキくんについて、友だちが言っていたことがありました。「マサキが乱暴なのはね、いつもゲームばかりしてるからなんだよ。みんなのは冒険のゲームなんだけど、マサキのはたたかいのやつ。建物とか敵とかドーン！　って倒すじゃん。あれをしているんだよ」。たしかにお母さんに聞くと、マサキくんはゲームばかりしていて、それもおとな顔負けの腕前だとのこと。でも、現実の世界で相手に向かうとなると加減がわからない。"それってなんだかアンバランスなのではないか"、そうわたしは思いました。

　このことがきっかけで、おもちゃの刀を仕入れて子どもたちとはじめたのが、チャンバラごっこです。マサキくんたち男の子はもちろん女の子も飛びついて、毎日汗だくでチャンチャンバラバラ。最初のうちは、たたきすぎてケンカになることもあったけれど、だんだん上手にかわし合うおもしろさにはまった子どもたち。勝負よりも立ちまわりに工夫をこらしたたたかいごっこがくり広げられるようになりました。

　このチャンバラごっこは、その後〈侍劇場〉として、お楽しみ会や卒園式で披露することになりました。そして、もちろんマサキくんは、侍親分役一筋、「早く練習したいよ」と催促するくらいでした。

保育の目のつけどころ
この立ちまわりというのがけっこうむずかしい。落ち着いて、かつ迅速に、刀を重ね合わせなくてはいけないし、切られたときはカッコよく倒れなくてはいけません。相手と気持ちを合わせ、うまく倒れた人が「うまい！」とほめられるのです。

ごっこで心を解き放って

　うれしいことに、このころを境にごっこあそびなど見向きもしなかったマサキくんが、女の子たちのままごとあそびに加わるようにもなりました。それも犬の赤ちゃん役！　トモちゃんたちに「ワンワン！」と甘えて抱き抱えられ頭をなでられるのです。クラスで恐れられていたマサキくんが、女の子たちに「かわいい！」と言われ、「ワンちゃんやってよー」とひっぱりだこになったのですから、見ているこちらがこそばゆいくらい。友だちに囲まれたマサキくんの表情はとてもおだやかで、今までにないゆったりした空気が流れていました。A

保育の目のつけどころ
マサキくんの心の鎧が少しずつ取れていくにしたがって、みんなとつながりやすくなっていき、クラス全体も楽しい雰囲気に。卒園するその日まで、身も心も解き放つごっこあそびを堪能し、友だちとつながる充実感を味わうことができました。

悩み葛藤する子どもを支える

保育の勘どころ⑨

一歩を踏み出すまでの悩みのとき

　自分をまわりとの関係で客観的にとらえる力がついてくる４、５歳児クラスのころ、子どもたちは自分と向き合わざるをえなくなります。友だちのようにうまくできない、いやなのにいやって言えない、叱られてばかりだなどと、一人ひとりそれぞれに自信のなくなることが出てきます。

　たとえば５歳児クラスのナッちゃん。一時期、気に入らないことがあるとプイッと部屋を出て、事務所の園長の机の下にもぐり込んでしまうことがよくありました。ある日、部屋に戻ってきたのにまたすぐに廊下に出て、ションボリ座っています。呼びに行くと、「あのねぇ、自分がいやになっちゃったの」とポツリ。ちょうど通りかかった保育士にそのことを言うと、「フーン、わたしもよくそうなるけどね。でもそんなときは、酒飲んで寝るね」と言ったので、ナッちゃんと大笑い。それで気分が変わったのか、部屋に入って食事もできました。

　その日の夕方、遊んでいたナッちゃんがそっと来て、「おもらししちゃったの」と。「大丈夫よ、まだ友だちは気がついていないよ」と部屋に入って着替えの手伝いをしていると、「あのね、わたしって本当は悪い子なの」とボソッとつぶやいたのです。「エッ、なんで？」と聞くと、「だって、おもらしするし、食事食べるのもグズグズしてるし……」。そこで、「なーんだ、そんなこと気にすることないよ。だって、他にもおもらしする友だちいるんだから」と言ったとたん、「エーッ、ホント？」と、うって変わって明るい表情になりました。

　事務所の机の下にもぐりたくなるナッちゃんの葛藤の時期があってこそ、「自分がいやになる」「わたしって本当は悪い子」とことばにできるようになったのだと思います。ことばで表現できるようになれば、"先生だってそうか""友だちだってそうか"と知るチャンスが生まれます。（安曇幸子・伊野緑・吉田裕子著『でた！かっぱおやじの舞台裏』サンパティック・カフェ、pp.130-132）

　たとえば５歳児クラスのリコちゃん。運動会の１ヵ月前にうんていの練習がはじまったときはみんなといっしょに練習をしていたのですが、クラスのみんなが次々できるようになると、表情が曇ってきました。保育士はいろいろ工夫して練習に誘うのですが、しだいに表情がこわばり、ついには「明日する」が口癖になってしまいました。困った保育士が話し合って、運動会までにできなくたっていい、リコちゃんが笑顔になれるのであれば当日おとながお尻を支えたっていいんじゃないか、と気持ちを切り替えたところ、リコちゃんは練習しだしたのです。

　そして運動会の３日前、リコちゃんはうんていを渡りきりました。やっぱりリコちゃんも、"やりたい、やらなくちゃいけない、でもできない"、そんなふうにたっぷり葛藤する時間があったことで、やってみようと自ら一歩を踏み出せたのですね。（佐伯由佳『現代と保育』83号、ひと

1章　毎日の暮らしの中でちょっとずつつながる　　　　2章　揺れてぶつかってつながる

9　保育の勘どころ　　　　　　　　　　　　　　　　　　　　　　　保育の勘どころ⑨

なる書房、pp.10-13）

　5、6歳の子どもたちは、悩んで葛藤しながらも自分の意志で前を向けるし、そんな自分が誇らしく自分に自信をもてるのです。悩み葛藤して元気のない様子の子どもを見つめるのはおとなにはつらいことですが、子どもにとっては自分を見つめ自分をつくっていく大切なときです。おとなは子どもの力を信じて、しっかりとあたたかく支える必要があります。

信頼できる仲間と頭の中で会議する

　戦前から保育を研究された心理学者の乾孝さんは、人間が何かを考えるということは、「頭の中に、今までの生活の中で呼び込んだ相談相手たちを呼び出して、会議を開いているようなもの」（いぬい・たかし『伝えあい保育の構造——未来の主権者を育てる保育』いかだ社、1981年、pp.56-57）ととらえました。さらに、「考え抜く力というのは、頭の中に呼び込んだ仲間たちの豊かさにまずよりますけれども、もっと大事なことは、その人たちとの人間関係じゃないでしょうか。心の中の相談相手との人間関係、信頼関係は、日ごろの生活の中での人間関係、信頼関係を映したものです」（同上、p.57）と述べています。「頭の中に信頼できる仲間を呼び出して会議して考える」ならば、一つの問題を複数の視点から考えられ、より深い考えや判断ができるし、たとえ離れていてもいつでも信頼できる仲間に囲まれていると感じられます。

　そんな体験を幼児期に、とくに悩み葛藤するときに、子どもたちにしてほしいと思います。「会議する」というとたいそうなことに思えますが、「〇〇ちゃんはこう言ったなぁ」とか、「△△ちゃんはどうやっていたかなぁ」とか、「どうして先生は××って言ったのかなぁ」と考えることは、頭の中に信頼できる〇〇ちゃんや△△ちゃん、先生を呼び出して会議をしていることです。鬱々とした気持ちやムシャクシャした気持ちの中で、フトこんな会議ができたら、自分の気持ちを整理して、一歩を踏み出す力を得られるのではないかと思います。

　頭の中に信頼できる仲間を登場させるには、現実の生活の中に信頼できる仲間をもっていなければなりません。友だちや先生とともにワクワクドキドキと心が躍動する体験をいっぱいして、こんな仲間といっしょだと楽しいなと感じ、安心して生活できるとき、子どもたちは信頼できる仲間の存在を全身で感じているはずです。心が躍動するみんなとの日々の生活が悩み葛藤する子どもたちを支えるのです。

絵本で悩む子どもを支える

　自分の感情を表現する語彙が豊かにあると、子どもたちは自分の感情をつかまえそれに向き合いやすくなります。日々の保育でも積極的に取り組む必要がありますが、そのとき絵本はなかな

3章　笑いと楽しさでつながる　　4章　いっしょに心を動かしてつながる

保育の勘どころ ❾

5　自分の気持ちをつかまえる・解き放つ

か役に立ちます。

　『あいうえおうさま』は、「うまくも　ないのに／うるさく　うたい／うそで　ほめられ／うれしい　おうさま」「わんぱく　わがまま／わからずや／わざと　わすれる／わるい　おうさま」という具合に、王さまの感情を、50音ごとにリズミカルなユーモアのある文と表情豊かな絵とで描いています。

　感情を表現することばとして、うれしい、くたびれた、こまった、しおれる、すねる、そんした、だます、てれる、とんま、のんきな、びっくり、ふるえる、べそかく、まいった、めそめそ、むちゃな、やれやれ、ようじん、おどろく、といったものがあり、行動を表現することばとして、さわぐ、ちらかす、つまづく、なまける、にげる、ほらふく、いたずら、ぶつかる、ばれたなどがあります。覚えやすいし子どもの日常生活によくある行動が取り上げられているので、友だちがまさにそうした行動をしたときにタイミングよくとなえたくなります。自分自身の気持ちもこんなことばでつかまえることができれば、フッと力が抜けて、気持ちを立て直すことができるかもしれません。

　『すき　ときどき　きらい』は、弟がする一つひとつの行動に対して兄が「だから、すき」「だから、きらい」と言い、最後に父親に「おとうとは　すきか」と問われ、「えーと　すきなときもあるし　きらいなときもある」とこたえるというものです。まさに子どもたちの家庭でのきょうだい関係が描かれているので、読んだ子どもたちは「ぼくも、妹は『すき　ときどき　きらい』だなぁ、だってね……」と自分の微妙な思いを語りだします。きょうだいだけでなく、友だちとの関係でも「すき　ときどき　きらい」という新しい見方を発見できるかもしれません。

　『ラチとらいおん』では、世界中で一番弱虫のラチが赤いライオンの特訓を受けて強くなります。『ダンプえんちょう　やっつけた』では、「わたし、こわいんだもん。こわいことは　しないんだもーん」と言っていたさくらちゃんが、海賊ごっこで崖を飛び降り、「こわいんだもーん。こわいことやるのおもしろいって、わたしき

『あいうえおうさま』
寺村輝夫 文
和歌山静子 絵
杉浦範茂 デザイン
理論社

『すき ときどき きらい』
東君平 文
和歌山静子 絵
童心社

『ラチとらいおん』
マレーク・ベロニカ 文・絵
徳永康元 訳
福音館書店

『ダンプえんちょう やっつけた』
古田足日・田畑精一 作
童心社

83

1章　毎日の暮らしの中でちょっとずつつながる　　　2章　揺れてぶつかってつながる

保育の勘どころ⑨

のうわかったんだもーん」と言えるようになります。ラチもさくらちゃんも「こわい」と堂々と言うので、自分のなかにもそんな気持ちがあることを意識できますし、それが自分だけじゃないと知ることができます。そして、自分だってラチやさくらちゃんのようになれるかもしれないと思えることでしょう。子どもたちが自分の感情をことばで表現し、そんな思いをしているのは自分だけではないと感じられる絵本を探して、ていねいに読みたいものです。

甘えられるおとなの存在

　生まれてからわずか数年の子どもが、思うようにはいかない自分をなんとかしようと葛藤しているとき、保育士は子どもが安心して〈甘えられる〉おとなとして子どもを支えたいものです。〈甘える〉と〈甘やかす〉は、まったく違うものです。〈甘やかし〉は、子どもが自分でできるように手間と時間をかけて援助するのではなく、おとなの都合に合わせて子どもを動かそうとすることです。〈甘える〉というのは、子どもが困ったりさびしくなったりして途方に暮れたとき、再挑戦に踏み出すためのエネルギーをおとなに補給してもらうことです。おとなにちょっと甘えることで、子どもは自力で困難や悩みそのものをなんとかしようと踏み出せるのです。

　子どもたちは、親と保育士とは違う存在であることをわかっています。子どもたちにとって、クラスの友だちや保育士は、保育園で生活をともにする頼りになる仲間です。困ったとき、"今の自分の気持ちをわかってくれているよね""見ていてくれるよね"と、ひとりぼっちではないことを確かめたくて、保育士にちょっと甘えたくなるのです。

　保育士への甘え方も、子どもによってさまざまです。膝に乗ってきたり、抱きついてきたりであれば甘えたい気持ちもわかりやすいですが、すねたり、怒ったり、無理難題を言ったりという形で甘えることもあります。子どもが自分を取り繕わず、ありのままの気持ちを安心して保育士に向けてきてくれるということ自体が、この保育士ならわかってくれると信頼している証拠です。いろいろな甘え方の裏に隠れている"今の気持ち、わかってくれるよね""見ていてくれるよね"の願いを瞬時に察し、"わかっているよ""見ているよ"のメッセージを、子どもの目をしっかり見つめて目で伝えるとか、頭をなでる、背中をさするなど、子どもの体に手を添えて伝えて、子どもが自分で一歩を踏み出せるようにしたいですね。

　といっても、子どもの気持ちをどう判断するか、どう受け止めるかは、子どもによっても、状況によっても、保育士によっても違います。〈甘え方〉〈受け止め方〉に〈正解〉はないからです。子どもの〈甘えたい気持ち〉とその受け止め方について、その場に居合わせた者としての瞬時の判断を見つめ、掘り下げ、保育士仲間で検討し、自分流をこえた多彩な考え方ができるように互いに学び合っていきたいですね。T

6 保育士も思い悩む

正解がない保育。精一杯向き合うからこそ新人もベテランも悩みは尽きないのです。

先生、もう帰ってもいいです。
延長保育

　ある日の延長保育。補食のおやつの時間になかなか席につかず遅れた4歳児クラスのルイくん、みんなが座ったところに来て、「ここがいいのー」と騒ぎだしました。

　思い通りにならないとパニックになり叫んだり走りまわったりしてしまうことが多いルイくん。毎日、延長保育に入っているパートの先生は、そんなルイくんのことはよく知っていて、大騒ぎになる前に無難におさめてしまうことも。この日も、ルイくんが騒ぎだすとすかさず「ね、カオリちゃん、こっちに移ってくれる？」とおとなしい3歳の女の子と交渉。

　それを見ていたわたしは、「え？　カオリちゃん座ってたのにあとから来たルイくんに代わってあげちゃうの？　いいの？　いやだったらいやって言っていいんだよ！」と声をかけますが、カオリちゃんは「いいの」と移動してしまいました。

　なんだか納得がいかないわたしは、「ルイくん、おかしいでしょ。遅く来たのに」と話しだしてもルイくんは聞く耳持たず。「はやくおやつー」と叫んでいます。わざとおやつを配るのを最後にして「ルイくん、カオリちゃんになんか言うことないの？」と言うと、「ない！」「じゃあ、ルイくんはやっぱりこっちに座って！」「やだー、……ありがと」。それはいかにも、わたしがうるさいから、ことばだけ言えばいいでしょ、という感じでした。

　ルイくんにとってはわたしはあまり気に入らないおとな。乳児

クラス担任のわたしは、4歳児クラスのルイくんとはフロアが違っていて、ただでさえ日ごろかかわる機会はほとんどありません。延長保育の当番のときが数少ないチャンスですが、大人数の異年齢の子どもたちを保育しながら、次々とお迎えにくる保護者へ必要な連絡事項を伝達し、安全に見送ることもしなければならないので、どうしても注意したり制止したりするほうが多くなってしまいます。いっしょに遊んだりしてつくられていく関係がないので、煙たがられてもしかたないのです。

そんなわたしにルイくんは「先生、もう帰ってもいいです」とていねいに言ってくれます。「いいえ、先生はルイくんが帰るまで帰りませんよー、お当番だもん！」とニッコリ返しながら、このルイくんの気持ちを思うとおかしくなりました。こんなバタバタな延長保育の時間ですが、ゆとりを見つけては、さり気なくルイくんの好きそうな本を読んだり、クイズをほかの子と楽しみ、ルイくんが参加してくると、しめしめと内心思いながら、「帰ってもいいです」が、"ま、この先生でもたまにはいいか"に変わってくれないかな、とちょっぴり思いながら、延長保育に臨んでいます。Y

> **保育士の胸のうち**
>
> かかわりが薄い、煙たがられているからといって、保育士のほうが引いてしまったら、子どもとはつながれません。騒然としがちな延長時間帯、トラブルを未然に防ごうとする気持ちもわからないではないけれど、いつもいつもそういう対応でいいのかと、ギリギリの現実の中で保育士は悩みます。

思いを言えないリナちゃんだけれども

4歳児クラス

ワンちゃん役なら声が出て

リナちゃんは、3歳児クラスの10月から仲間になりました。以前の幼稚園でもほとんどしゃべらなかったようですが、3ヵ月たっても時々しか話をしませんでした。しかしそんなリナちゃんが、ある日「ワン！ ワン！」とわたしのもとへ。「あら、かわいいワンちゃん！」。"めずらしい！ これはいいきっかけ？"とわたしもワクワク。「わたしのワンちゃんなの。名前はね、マリーちゃんよ」とほかの子にも話すと、ワンちゃんを含めたごっ

こあそびがはじまりました。

　すると今までは保育士の膝に乗ってきたりしなかったリナちゃんが、友だちと争って膝に乗るし、膝枕はするし……自分じゃないってすごい！　以来、朝から忙しく動いている足元でも四つんばいになり「ワンワン」。「マリーちゃん待っててね、あとでお散歩行こうね」に「ワーン……」と甘え声を出すのです。

　4歳児クラスになってからのリナちゃんは、まだみんなの前で意見を言ったりするのは苦手ですが、あそびに夢中になっているときなどははっきり声を出して話をしたり、友だちと言い合ったりするようになりました。

これ、だれのタオル？

　ある日のこと、名前のついていないタオルがあり、何回か声をかけたのですが、だれからも名乗りがありませんでした。すると次の日のリナちゃんの連絡帳にこんなことが書かれていました。

　夜寝る前に「タオル、ひもがついてなかったから、ダメだった……」と言っていたので、よくよく聞くと、うちのタオル入れに入っていたひもなしのタオルを誤って持っていった様子。

　母　「ふーん、じゃあ怒られちゃったの？」
　リナ「怒られなかったよ」
　母　「よかったね」
　リナ「だって、先生が『これだれの？』って聞いても、リナ、しらんぷりしたから」
　母　「だめじゃーん。じゃあ、タオルは？」
　リナ「持って帰ってきてない」
　母　「『まちがえて持ってきちゃった』って先生に言えば怒られないから。わざとしらんぷりしちゃダメだよー」

　よく言い聞かせましたので、所有者不明のタオルを持たせてください。

| 1章　毎日の暮らしの中でちょっとずつつながる | 2章　揺れてぶつかってつながる |

　連絡帳を読んで、タオルかけを見ると、すでにそのタオルはなくなっていました。無性に悲しくなったわたしは、リナちゃんに声をかけました。

保育士「リナちゃん、昨日のタオル、リナちゃんのだったの？」
リナ　「……」
保育士「タオルどうした？」
リナ　「カバンに入れた……」
保育士「ね、リナちゃん、先生、すごく悲しい気持ち。だって、タオルのひもくらいで怒るわけないのわかってるでしょ。先生がさ『これだれの？』って何回か聞いてたのにしらんぷりしてたってさ、悲しいよ。『リナの』って言えないなら、手でもあげてくれればよかったのに……」

保育士の胸のうち

何事もなかったかのようにタオルをカバンにしまうリナちゃん。「自分のです」と言うのはたしかに勇気がいること。でも前の年からしっかり向き合ってきて、このごろ保育士や友だちとの関係ができてきたと手応えを感じていた矢先で、なおさらショックだった保育士。思わず素の気持ちを出してしまいました。

この対応でよかったのか……
　すると、リナちゃんは涙をポロポロっと落としたのです。その姿から、わたしの気持ちがリナちゃんの心に届いたと感じたので、あえて涙には気づかないふりをして、「しらんぷりは、悲し

いよ」で終わりにし、パッと切り替え、「じゃ、リナちゃんもいっしょに早く外に行こうよ」とあそびに誘いました。リナちゃんは切り替え早く遊びだせました。……が、"果たしてわたしのこの対応がよかったのか？　昨夜お母さんにつぶやいたのは、きっとリナちゃんなりに自分のふがいなさを感じて何かひっかかっていたのかもしれない"と考え込みました。

　数日後の朝。リナちゃんは「先生……、タオル忘れました」と言いに来ました。「あ、このタオル貸してあげるね。お洗濯してきてね」とあっさり対応しつつ、数日前の出来事を思い出しうれしくなりました。Y

> **保育士ののうち胸**
> 保育の中でつい自分の感情が出てしまったとき、保育士としてはどうなのかとふり返らざるをえません。でも、一人の人間として真摯に向き合うことではじめて築ける関係もあるでしょう。そして、ことばは少なくても通じ合えているときはあっさり切り替える引き際も大切ですね。

悩んで、悩んで、保育士もグッタリ　5歳児クラス

突然、ミライくんが泣きはじめた

　プールに入る準備をしていた8月のある日のこと。

　虫や電車ブロックが大好きで、その日もブロックで遊んでいたミライくん。その日はいっしょに組んでいる先輩の先生は夏休み中で担任はわたし一人。「さっ、みんな片づけてプールの準備しようね。お片づけだよー」と声をかけ、プール準備を開始。プールに入りたいから子どもたちの片づけも早い！

　いつもは、片づけや活動から活動への移り目などスムーズに切り替えられず、自分の好きなことに対しては興味津々だけど、興味がなければダラダラ、気持ちの切り替えに時間がかかってしまうミライくん。みんなでいっせいに何かをやってもなかなかやりたがらず、2人の担任のうち1人がついたり、抱っこやおんぶをしたりすることが多かったのですが、その日はみんなといっしょにサッサと片づけ、着替えも終え、ホールへ準備体操をしに行ったのです。

　わたしが太鼓をならし、みんなはいつものようにリズムに合わせてスキップしたり走ったり。「よしよし、今日はミライくんも

6　保育士も思い悩む

| 1章　毎日の暮らしの中でちょっとずつつながる | 2章　揺れてぶつかってつながる |

やってるやってる……」と思いながら、太鼓をならし続けました。リズムの変化もだんだんはやくし、子どもたちもキャーキャー大喜び……。

　そのとき、ミライくんが顔をグシャグシャにして、わたしを見ながらゆっくーり座り込みだしました。

　保育士「（太鼓をならしながら）どうしたのー、ミライくん？」
　ミライ「（わたしの方を見ながら）……」

　わたしは"いつものパターンだ……"と思いながら、どうしてやめてしまったのかわからないまま、みんなと体操を続行。もちろんその間もわたしは、「こっちにきてどうしたのか教えて」「お話しして」「体操しないとプールも入れないよー」などと声はかけ続けたのですが、ミライくんは泣きだし、いつものようにズルズルいきそうな気配。

　保育士「ミライくん、プール行くよ、いい？　先行くからね」
　ミライ「やだぁー」

　ほかの子もふざけたりとっくみ合ったりの状態になり、わたし自身、気持ちに余裕がなくなってきました。泣き続けるミライく

んを残し、とりあえずホールをあとにしました。

迷って、あせって、自己嫌悪
　ミライくん以外の子は隣のクラスの先生に託し、少ししてからわたしはホールへ戻りましたが、まだミライくんは同じ状態のまま。こうなるといつも思うのが、わたし自身の対応がこれでいいのかということ。すごく迷い、あせっている自分がいます。わたしも葛藤しています。

　　保育士「ミライくん、どうして泣いているの！　何があったの？　泣くのはもうやめて……。話してくれなきゃわからないし……ごめんね。先生わからないから教えて」
　　ミライ「△□×○※……」（泣いているため、うまく聞き取れません）
　　保育士「泣くのはもうおしまい」
　　ミライ「（泣きながら）はい」

　プールに入れてあげたいし、"場所を変えることで切り替えられたら"という思いもあり、プールサイドへ少々強引でしたが連れていきました。
　プールサイドでまた涙するミライくん。いっこうに涙はとまらず、ひどくなるばかり。思わずわたしは、「もう知らない、泣いていればいいよ、ずーっと泣いてなよ」と言ってしまいました。するとミライくんは、プールサイドの床に伏せながら、「くやしい、くやしいよー」と大泣き。
　このときのわたしはあせりもピーク。"いつもミライくんの甘えを聞いて、こちらが折れるばかりはできない。今日は自分で気持ちを切り替えてもらいたい""これで本当にいいの？　怒りすぎになっているのでは？　この対応は本当にこれでいいのだろうか……"という思いが行ったり来たり。だんだんわたしの気持ちも下がってきて、"わたしに怒られてきっとくやしいんだな……"

6　保育士も思い悩む

保育士の胸のうち
子どもたちから発せられる体いっぱいのサイン。それを受け止めきれず、悩み葛藤する保育士です。つながるための明確なこたえはなく、大切なのは目の前の子どもたちと真摯に向き合い、つながりの糸口を模索することなのでしょう。

1章　毎日の暮らしの中でちょっとずつつながる　　　2章　揺れてぶつかってつながる

なんて思っていました。

　ミライくんが「もうプールしない」と涙ぐみながら言ってきたので、シャワーだけしてあがることにしました。あまりに泣いたせいか、部屋へ戻ったミライくんは、洋服を着ると、ペタンと座り込んで放心状態……。

　わたしはほかの子たちがプールに入っている間、プールサイドでプールの方を見つつ、チラチラッと部屋にいるミライくんも見ていました。その後30分以上たったでしょうか、プールに入っていた子もプールからあがり、着替えて食事。わたしも部屋へ戻りましたが、みんなが食事をはじめたのに、なんとミライくんはまた部屋の床に伏せているのです。

　"声をかけてほしいんだな……"と思ったのですが、すぐに声はかけず、様子を見てから、「ミライくん、ちょっといい？」と言って2人で廊下へ出ました。

保育士「どうしてミライくんはホールで泣いたの？」
ミライ「……」
保育士「体操がいやだったの？」
ミライ「うん」
保育士「でもさ、プールに入る前の約束だから、体操するし、ケガしたら危ないからさ、今度はしようよ」
ミライ「わかった」
保育士「こうやって話もできるんだから、今度は、お話ししてくれる？」
ミライ「うん……」
保育士「よし、じゃあごはんにしよう」

　その日はその後いろいろ考えてもなんだかスッキリせず、"泣かせすぎ？　もっと話を聞けばよかったんじゃない？　本当、わたし余裕がなかったなあー"と自己嫌悪。そしてグッタリ。"もっと違うかかわり方があったんじゃないのかなー"と思ったりしました。

> **保育士の胸のうち**
> ミライくんには、気持ちが崩れてしまったときに、どうにかうまく自分の気持ちに折り合いをつけて切り替えられるようになってほしかったし、自分の思いもことばで話してほしいと考えていました。
> クラスのみんなもずーっとミライくんのことは気にかけていたので、みんなの中で話をする、という選択肢もあったかもしれません。でもこのときは1対1で話をしたいと思いました。

先生、きのう泣いたのは……

次の日の朝、わたしがプールサイドでプールの準備をしていると、ミライくんが登園してきました。

保育士「ミライくん、おはよう」
ミライ「おはよう」

すると、ミライくんがそばに寄ってきて、

ミライ「先生、きのう泣いたのは、（体操とか）まちがえちゃったから、ミライ泣いたの」

その発言にびっくり。一日たって、自分から昨日のことを言うなんて、今までまったくなかったからです。「そうなんだ。ありがとうね、教えてくれて」。
すごくうれしかったし、ミライくんも成長したなと思えた反面、心の中では"ミライくん、ごめんねー！　泣いたのは体操やリズムがいやだったんじゃなくて、自分でまちがえたことがくやしくて泣いてたのに……。怒ってしまって、プールの時間もそのあとも泣き続けるようになってしまって……""まわりの子も心配していただろうな。ミライくんの気持ちをみんなといっしょに考えてもよかったのかな……"と、わたしの対応を思い起こすと反省ばかりでした。K

> **保育の目のつけどころ**
>
> 一人ひとりを長い目でていねいにとらえていくと、その子の〈今が越えどき〉というタイミングが見えてきたりします。そんなとき、それまでのようにやさしく受け止めるだけでなく、正面から向き合うことが、その子が自分でハードルを越えていくための後押しになることもあるのではないでしょうか。
> とはいえ、子どもはすっきりと葛藤を越えていくわけではなく、行きつ戻りつゆっくり成長していくのですね。それだけに保育士も揺れ動きます。

6　保育士も思い悩む

怠慢じゃないのか！

3歳児クラス

わたしが保育士になって14年目、10歳年下の後輩と3歳児クラス担任になった春のことです。18名の個性豊かなパワフルなメンバーがそろっていました。4、5月の3歳児は環境も大きく変わるため、動揺したりはじける姿が多く見られますが、担任2人

とも持ち上がりではなく子どもたちとは初顔合わせということもあり、この年のはじけ方はとくにすごいものでした。

わたし、完全になめられています

おもちゃはすべて出しつくし「片づけますよー！」と声をかけると、クモの子を散らしたようにみごとに姿を消して、嵐のあとのような状態。相方は「お片づけ　言ったときには姿なし」「お片づけ　今日も一人でお片づけ」と保育川柳をつくるくらい子どもたちにふりまわされ、「先生、わたし完全になめられています！」とお手上げ状態。

ノートを書くのも仕事じゃないのか！

日々の生活をこなすのが精一杯で、アッという間に3週間が過ぎたころでした。お迎えにきたマサシくんのお父さんに「お帰りなさい」と言うが早いが、「どうして連絡ノート書いてないんだ！」とえらい剣幕で返されました。

「毎日は書けなくても、なるべく書くようにはしているのですが、記入がなかったですか？」と聞くと、「ないから言ってるんだ！　連絡ノートを書くのも先生の仕事じゃないのか！　怠慢じゃないのか！」と大声で怒鳴られたのです。

この時期、はじける子どもたちと毎日全力で向き合っていた担任は、2人とも心身ともにクタクタの状態。この「怠慢じゃない

のか！」で、はりつめていた糸が切れてしまったような気持ちになり、くやしいやら情けないやら、かなりのショックを受けました。が、確認したところ、お父さんの言うとおり、マサシくんのノートは記入がもれていたことがわかり、反省。

保育で返していくしかない
　そのときすぐに2人で話し合い、「わが子を預けている保育園や担任へ意見することって勇気やエネルギーがいるし、直接言ってくるということは、それだけ期待があるからだと真摯に受け止めよう」ということ、「親の立場から言えば、担任が2人とも変わり、新クラスになりわが子がどう過ごしているのかもわからず、不安になるのは当然だよね。時間は巻き戻せないから、反省したら同じことはくり返さない、いつまでも引きずらない！　あとは保育で返していくしかないよ。子どもが家で"保育園が楽しい！""保育園に行きたい！"って言うくらいに」ということを確認しました。

お父さんに感謝
　翌日から2人はヘロヘロになりつつも、子どもたちが楽しめるあそびを考えたり、日々の子どもたちの成長の場面、エピソードをできるだけタイムリーにノートやクラスだよりで伝えていきました。
　それと同時にマサシくんのお父さんとは、どんなに気まずくても保育士から避けたりしないで、登降園時にはきちんとあいさつし、短い時間でもお話を聞いたり、日中の様子を直接伝えるようにしました。はじめのうちは無愛想だったお父さんも、一年が終わるころには「怠慢じゃないのか！」とどなられる前より親しく話せるようになっていました。
　この年のことは、子どもたち一人ひとりの名前、お父さんの顔、言われたときに感じた胸の痛さまで、今でもはっきり覚えています。そしてこのときの体験が今の保育に向かう姿勢の土台となっています。マサシくんのお父さんに感謝です。

6　保育士も思い悩む

保育の目のつけどころ

「クレームは宝と思え！」と言われたりしますが、いざクレームがくると、どうしても"あの親はうるさい"と考えがちです。でもそんな色眼鏡で見ている間は決していい関係は生まれません。その場の対応よりも毎日の保育、小手先の技術よりも最終的にはその人となりが大事なのだと思います。

1章　毎日の暮らしの中でちょっとずつつながる　　　　2章　揺れてぶつかってつながる

10 保育の勘どころ　悩むからこそ保育士は成長できる

保育の勘どころ⑩

あのやり方でよかったのだろうか？

　保育士をしていて喜びや感動、やりがいを感じる反面、失敗したり反省したり落ち込んだりして思い悩むこともたくさんあります。保育は、10人の子どもがいれば10通りの保育、いえ、子どもたちのかかわり合いを考えれば無限にあるのです。

　わたし自身も"果して自分のこのやり方でいいのか？"と自問自答することばかり。風のたよりで「学校休みがちみたい」などと卒園児の様子を耳にしたりすると、"保育に問題があったのか？"と胸にズシンときます。卒園させればお役御免！　ではなく、卒園後の学校生活、その子の人生まで考えてしまうわたしたちです。何年もたってから気づくことや、当時にはなかった別の思いが生まれたりすることもあるのです。

悩まなくなったらおしまい？

　そんな話を安曇さんと吉田さんにしたら、2人も同じように悩み迷いつつ保育しているというこたえでした。でも、「悩まなくなったら、そこに留まってしまうのではないか？」「保育士だって思い悩むことは大切で、逆に悩まないことのほうが問題なのではないか？」という話にもなりました。とはいえ、一人で悩みを抱えていてはなかなか立ち直れません。落ち込んでは仲間に話し、共有してもらいながら前に進む。そのくり返しです。

　心の悩みは一人では起きず、人と人との関係の中で起こるそうです。クラスの仲間とつながりながら育つ子どもたちは、仲間がいるからこそ心が揺れ動きます。おとなはその揺れをキャッチし寄り添おうとするけれど、はじめはズレが生じて、そこでおとなも揺れる。でも、ゆっくりと時間をかけていく中で、互いにズレていた揺れも少しずつ重なり合うようになり、いつしか同じ揺れになったとき、ことばがなくとも心で通じ合える、そんな関係へと変わっていけるのではないでしょうか。子どもたちも保育士もつながりながら揺れながら、仲間の中でゆっくりと成長し合っていける、そんな保育をめざしたいですね。

3章

笑いと楽しさで
つながる

　心地よいクラス集団ができてくると、一人ひとりの子どもたちが笑顔で生活できるようになります。そうなると、ふだんくり返し楽しんでいる絵本やうた、みんなで遭遇したハプニングが、クラスの共通の経験・文化として根づき、笑いながら楽しくつながる機会がさらに増えていきます。そんなクラスをつくっていくには、子どものおもしろがっていることをキャッチして、その場で臨機応変に保育に生かしていけるアンテナの感度を高めること、これも重要ですね。

1 笑いのある毎日をつくる

どの子もいっしょに〈笑うこと・笑えること〉が心地よいクラスにつながる道。

笑いではじまる一日

2歳児クラス

　いつもは元気印のシオリちゃん。今朝は、お母さんとぶつかったらしく、いつになく「ママがいいのー」と後追いです。シオリちゃんを抱きとめて座っていると、ほかの子もやってきました。「あのね、シオリちゃん、お母さんがいいんだって」と話すと、トシユキくんも「お母さんのおっぱいがいいんだよー」としんみり。おばあちゃん子のユウちゃんまで「おばあちゃんがいいのー」と言うのです。シオリちゃんは、そのことばを聞いて、すっかり甘えん坊。「眠いのー」と言うので、マットを出して寝かせました。「赤ちゃんがおふとんで寝てるから静かにしてね。トントンしてるから……」と言うと、ユウちゃんにマミちゃんまで「眠いのー」と言ってきて、いっしょに横になりました。

　さて、トントンしながらも「みんなよく眠っているなー。よし！　今のうちに焼いて食べちゃおうかー」とつぶやくと、トシユキくん「うん！　にんじんさん、さんしょうさん、ごぼうさん」と野菜を入れるようなまね。2人で「野菜をいっぱい入れよう」と歌うと、3人の赤ちゃん、ムクッと起きて逃げだしました。「あっ！　おいしそうなご飯が逃げた！」と追いかけると3人はキャーキャー言って逃げまわります。なにしろ子どもたちは、こんなふざけっこが大好き！　次から次へとほかの子も加わり、追いかけっこ。すると、正義の味方アンパンマンがあらわれるは、ウルトラマンまであらわれて、たたかいごっこです。A

> **保育士の胸のうち**
> 家庭でのいろいろな思いをひきずってくる子どもたちもいます。だからこそ保育園では楽しい時間を過ごしてほしい。朝はみんなで笑ってはじめたいものです。

「なにやってんのー」って言ってよ　2歳児クラス

　わたしはよく子どものへそまがりぶりも笑いとばしてしまうところがあります。

　「いやだー」がはじまると、そのいやだった原因も忘れて泣き続けるマミちゃんに対しては、「なに泣いているのよー。アッ！おなかの中に泣き虫鬼がいた！」なんて言っているうちに涙は止まり、笑い声が出てきます。そのマミちゃんも、このごろは気持ちの切り替えが早くなってきて、そんな対応をすることが少なくなってきました。

　するとおもしろいことに、今度はマミちゃんのほうから、笑いを要求するようになってきたのです。

　たとえば食事中、「ねーマミのこと、なにやってんのーって言ってよー」と言うので、「そういうマミちゃんがおかしいよー」と言いながら見ると、グリーンピースを突き通した箸を見せながら「これ、おだんごなのー」と笑っているのです。いかにも"おもしろいことみつけちゃったー"というようなうれしそうなマミちゃんの顔がおかしくて、またまた大笑いです。A

保育の目のつけどころ

子どもにとって、自分の失敗やまちがい、〈いい子〉じゃない姿までも、おとなに朗らかに受け止めてもらい、おもしろいと笑ってもらえることはうれしいもの。それは確実に自分を見てくれているという安心感でもあるのでしょう。

1　笑いのある毎日をつくる

シャベルカーのご飯、なんですか？　2歳児クラス

　散歩の道すがら、家の解体工事でシャベルカー、ダンプカーがフル回転しているところに出くわしました。働く車が大好きな子どもたち、さっそく「シャベルカーがんばれー！」と声援をあげ、「ダンプカー」（もとやかおる作詞、小谷肇作曲）のうたまで歌いはじめました。そして、公園でひとあそびして帰る道々も「またシャベルカーいるかなー？」「シャベルカーのご飯はなにかなー？」「ゴミだよねー」（家の解体屑？）「じゃあ、聞いてみようね」、そんな話が出ていました。

　ちょうど工事現場は休憩時間中。シャベルカーの中におじさんが一人、そのわきでおにいさんが一人休んでいました。それを見るなりシオリちゃん、おじさんに向かって「シャベルカーのご飯、なんですか？」と聞いたものですから、おじさんはびっくり。「えー？　困ったなー」と言いつつも、「軽油だよ」とこたえてくれました。とたんに子どもたち、「けいゆってなーに？」。

　「お母さんが天ぷらジュウジュウするだろう、あれだよ」とおじさん。すると、横のおにいさんが「えっ？　違うんじゃないの？」と聞き返し、「まあ、そんなものだよ」とまたおじさん。

　その会話がおかしくて、まわりのおとなは大笑いです（そのころには、道行く人も立ち止まって聞いていたのです）。それで勢いがついたらしく、子どもたちは次々に質問しだしました。

　ミホ　　「シャベルカーのおうちは、どこですか？」
　おじさん「ねりま（練馬区）だよ」
　ナオ　　「お父さん、お母さんはいますか？」
　おじさん「いるよ。働いているんだ」
　ダイスケ「シャベルカーの顔はどこですか？」
　おじさん「ここだよ（自分の顔を指さす）」
　おにいさん「かっこいい？」
　ダイスケ「…か…かっこいい……」（シャベルカーの顔はそこ

| 3章 笑いと楽しさでつながる | 4章 いっしょに心を動かしてつながる |

　　　　　じゃない、と思っている様子)
シオリ　「どうやっておうちに帰るんですか」
おじさん「ダンプカーに乗るんだ」
シオリ　「……？　おじさんが？」
おじさん「シャベルカーが乗るんだ」
みんな　「？」

　シャベルカーを擬人化して考えている子どもたちと、ただの道具と考えているおじさんとの会話は、チグハグしていておかしいのですが、そこがまたおもしろいところ。そのうちダイスケくんが「大きくなったら、シャベルカーの人になります！」と宣言。するとおにいさん、「どうせ明日忘れちゃうんだろう」でまたまたまわりのおとなが大笑い。これで拍車がかかったのか、ミホちゃん、シオリちゃんまで「大きくなったらシャベルカーの人になります！」と言いだしました。「その考えは途中で絶対に変わりますね」と断言するおにいさんと、「よし！　大きくなったらおじさんの家に来い！」というおじさんとのやりとりがおかしくて、隣家の人が顔を出してニコニコと見ていたくらいでした。
　帰り道の子どもたちは、いつもあこがれているシャベルカーのおじさんたちと話ができたことでとても満足そう。「お母さんに教えてあげるんだー」と言い合っていました。A

保育の目のつけどころ
ちょっとした場面でも楽しい展開が広がります。子どもの世界をおもしろがり、あたたかくつきあってくれたおじさんとおにいさんにも感謝。

1　笑いのある毎日をつくる

| 1章　毎日の暮らしの中でちょっとずつつながる | 2章　揺れてぶつかってつながる |

11 保育の勘どころ　笑いの渦で生まれる一体感

保育の勘どころ⑪

ピリピリモードは放置するとますます悪化する

　園によって職員や保護者の雰囲気、地域性はさまざま。主任として異動したある園では、職員と保護者との間にピリピリとした空気が流れていました。日ごろから保護者からの要望やクレームが多く、職員の保護者に対するグチや批判も増えていました。でも、互いにマイナスの視線ばかり向けていると、いつの間にか、見方がそのようにかたまってしまいがちです。この緊張関係をどうにかすべく、まずは10月の運動会で何かアクションを起こそう！　と思いました。

チャンスは保護者参加の行事

　わたしが注目したのは保護者競技。おとなが参加するものは子どもの種目とくらべて優先順位が低くなりがちですが、ここでひと手間かけて、みんなで楽しく笑い合える時間をつくることができたらと思ったのです。とはいえ、この年は雨天順延もあって平日開催。はじまる前から日程のことで保護者からかなりのクレームが来ていました。そんな中、「仕事で参加できない」と日程に批判的だった保護者の一人であるミキちゃんのお父さんは、当日はスーツに革靴姿で「出勤まで少し見ていく」と、ムスッと席に座っていました。

　午前の部が終わり、家族でお弁当を囲む昼食タイムとなったのを見計らって、午後の部の保護者競技の参加交渉開始。参加OKの人にはハチマキを手渡します。30本ほど用意していたハチマキが残り数本になったとき、ミキちゃん家族を発見！　なんとまだお父さんはいて、お弁当を食べています。"お弁当を食べて午後から仕事に行くのか？　いや、この雰囲気だと午後もいるな……お父さんがダメでもお母さんならやってくれるか……"。ドキドキしつつ、思い切ってミキちゃんお母さんにハチマキを渡してみました。受け取ってくれてひと安心。

ネクタイお父さん、いざ変身！

　そして、いよいよ保護者競技がアナウンスされると、ハチマキを受け取ってくれた保護者たちが続々登場。そこへ、ミキちゃんのお母さんではなく、お父さんがスーツの上着を脱ぎ、Yシャツにネクタイ、革靴姿で出てきたのにはびっくりしつつも、小さくガッツポーズ。

　保護者競技の内容は、陣取りゲームの勝ち抜き戦。はじめに負けた人たちはすぐ終了してしまうのでお気の毒。そこでおまけの企画も用意したのです。ゲーム1〜2回戦で負けた15人は、何をするかも知らずに別室へ誘導されます（その間もゲームは続いています）。ゲーム優勝者が決まるまでの6〜8分ほどの限られた時間で、衣装（今回は犬の鼻と耳、マント）を身につけ、曲に

合わせて2〜3回おどってフリとフォーメーションを覚えてもらい、ぶっつけ本番のステージに立つのです。だれがこの15人になるかはゲーム次第。

　今年新しく入った職員（この機会に保護者との距離が縮まればと意図的にメンバーに指名）とともにわたしも扮装をすませ、別室でスタンバイしていたら、15人のメンバーの中になんとミキちゃんお父さんが！　はたしてミキちゃんお父さんにこのパフォーマンスはどうなのかと不安はよぎりましたが、ここまで来たら行動あるのみ！　そのまま全員変身し、いざ本番へ。

笑いの渦の心地よさ

　犬になりきっている父母と職員を見て、ドカーンと笑いが起こり、それが渦となっていきました。子どもたちはもちろん、父母も祖父母も職員も笑っています。即席ダンサーたちも、終わって別室に戻ると、「楽しかった」「はずかしかったけど子どもたちが大笑いして喜んでいた」とやりきった笑顔。「来年はＯＢとして参加したいね」と年長児のお父さん。全員そろって犬スタイルで集合写真を撮ったほどの盛り上がりでした。

　この犬のダンス。運動会後もしばらく、「犬の曲かけて！」と子どもたちから何度もリクエストがあがるほど大人気。ゲラゲラ笑いながらくり返しおどっていました。運動会の日、みんなとおなかをかかえて笑った楽しさと一体感、なんとも言えないほぁ〜んとした心地よさを自分たちで再現しているかのようでした。

　これ以降、保護者との間にあったピリピリした緊張感もうすれ、笑いが多くなってきました。園に対するクレームも少しずつ減っていきました。すべてではないにしろ、このときの〈笑いの渦〉が、こうした変化を起こす起爆剤になったのではないかと思います。

この笑いに入っていけない人はいないかに注意して

　「一人で笑う」「小グループで笑う」「クラスみんなで笑う」のほかに、今回のような会場全体、大人数がいっせいにドカーンと笑う笑い。笑うことで起こる〈笑いの波〉。この波が大きいほど、その〈笑いの力〉も大きくなるのだと思います。でも、みんなが笑っているとき、その笑いに入っていけない人は大きな疎外感を感じているはずです。笑いと排除は紙一重。ウケをねらった笑いや、おとなだけに通じる笑い、だれかをあざける笑いではなく、みんなが気持ちよく笑えているだろうかと、その質にも気をつけたいと思います。

　毎日、人間関係など緊張感を感じることが多い今だからこそ、保育園が、子どもはもちろん、保護者も楽しい笑い、心がほぁ〜んとあたたかくなる笑いの中で緊張をほぐし、ほっと安心できるような場所になれるように、日々〈笑いの力〉を活用中です。

2 共通の文化を育む

毎日積み重ねた楽しい経験や気分をみんなで共有。それがクラスの文化になります。

自問自答の質問コーナー　　　2歳児クラス

　公園に散歩に出かけたその帰り道のことです。道ばたの家の棚の上に、散髪練習用のマネキン人形が置いてあったので、一瞬子どもたちはギョッとして立ち止まってしまいました。

　わたしが「顔だけだねー。手はどうしたのかなー」と言っていると、おもしろいことにミホちゃん「手はどうしたんですか？……つぶれちゃったんだって、キャッハッハッ！」と自分で質問して、自分でこたえて笑いだしたのです。

　とたんにみんなの顔が「フッ」と笑い顔になり、それからは、このマネキン人形を相手に質問コーナーがはじまりました。

3章　笑いと楽しさでつながる　　　　4章　いっしょに心を動かしてつながる

　ミホ　「どこ行くんですか？……飛ぶんだって、ビューって！」
　サオリ「どっち行くんですか？……あっちだって」
　ミホ　「椎名町（駅）だって！」
　保育士「名前はなんだろう？」
　リョウ「名前はなんですか？……ブーバーくんだって」
　保育士「ブーバーくんはどこからきたんだろうね」
　ミホ　「どこからきたんですか？……ブーバンの国からだってー！」

　こんなやりとりから、どうやらブーバーくんはおばけで、おばけの国から自分の体を探しに来ているらしい、という話になっていきました。前々からおばけ探しに夢中になっていた子どもたち。それまで見つけた14人のおばけたちにブーバーくんが仲間入りし、そのブーバーくん話をつくったりして、探険あそびにつながっていきました。A

保育の目のつけどころ
子どもといっしょにいると、思いもかけないことがよく起きます。意外にもそのハプニングが保育をおもしろくしてくれます。このあとクラスで継続的に楽しむことになったおばけ探険あそびも、はじまりはこんなささいなハプニングからでした。

2　共通の文化を育む

てんぐはいるかな？
　　　　　　　　　　　　　　　　　　2歳児クラス

絵本を読んで散歩に

　子どもたちのお気に入りの絵本の1つが、てんぐと鬼とおばけが出てくる『こんたのおつかい』。
　9月の散歩で、近くの神社まで行きました。くねくね裏道を選び、分かれ道にぶつかるたび、こんたのように「さて、花の道と森の道どっちに行く？」とみんなで悩みます。
　こわがりやのアイちゃんは必ず「花の道！」とこたえるのですが、やっぱり進むのは森の道！　大きな葉っぱを見つけて「あ、てんぐのだー」とてんぐのうちわに見たてるナッちゃん。木の実をつまんで食べるまねのミユキちゃんに「それを食べるとツノが出るぞぉー」と言うと、あわててペェッのまね。
　さらに進んで行くと、なんと植え込みの中に鬼マークの紙パッ

『こんたのおつかい』
田中友佳子　作・絵
徳間書店

105

ク（じつは日本酒の空ゴミ）が！　あまりのタイミングのよさに子どもも保育士もびっくり。ミサちゃんは大きい目をさらに大きくしシーンと黙ってしまったのです。保育園に帰って、アミちゃんは「鬼のジュースこわかったね……」。

　こうして、散歩といえばてんぐや鬼を想像する子どもたち。近所のおばさんにも「てんぐ知らないですか？」と質問。「おばさん知らないなー。どこにいるの？」と逆に聞かれ、シオリちゃんは「葉っぱのところにいるんだよ」としっかりこたえます。てんぐの葉を見つければ会えるかもしれないという期待が伝わってきます。

> **保育の目のつけどころ**
> １冊の絵本からはじまったあそび。一人の発言が一人ひとりのイメージをさらに広げ、どんどんふくらみつながっていきました。

一人ひとりにフォローして広げる

　ねこじゃらし畑を通る散歩の日。おみやげにしようとねこじゃらしを引っこ抜きはじめました。すると緑の実を見つけ「あ、おまめ！」とこれもおみやげに。ところがしばらくしてアミちゃん「アミちゃんのがない……」と半ベソ。そこで保育士は「あら、わたしのもない！　いつの間にてんぐがとったんだろう？」とこわがっているアミちゃんのためにちょっとフォロー。そのことばにアミちゃん、涙も流さずジーッと考える表情です。

　その横ではリンくんも「リンくんのもなーい。てんぐとったの」。大胆に根っこごと引き抜き、途中なんということなく自分

で捨てて歩いていたのに、アミちゃんと保育士のやりとりを聞いているうちに、アミちゃんの気持ちが伝染してきた様子。

まわりの子はそれぞれねこじゃらしと豆を確認して安心した表情。「この道もあやしいんだねー」と保育園に戻りだすと、レイくんがオロオロと泣きだし、「レイの豆がない。てんぐとったの」とそれはそれは悲しげ。泣いて先に進めないレイくんには、「わたしのあげるよ」と声をかけます。これでやっと元気に。

慎重派のカイくんは「てんぐさんおなかすいたの？ カイちゃんはあるよ」と、ギュッとにぎっていた手のひらの豆を見せてくれました。

保育の目のつけどころ
その場の雰囲気は共有していますが、まだまだイメージも異なり、こわがり方もそれぞれ。楽しい気持ちが途切れないよう、一人ひとりに応じてフォローして、コワイをワクワクへと広げていきました。

てんぐの痕跡発見！

数日後、保育園のテラスで、アミちゃんが「てんぐのウンチあったー」と白い長い石を発見！ とうとう保育園にもあらわれた？ カラスが運んだ軽石かな？ てんぐはどうやら子どもたちの身近な存在になりはじめたようです。

ある日の散歩。ドンドン小さな神社の中へ入っていくリンくんに、「てんぐのおうちだよー」と心配するマリちゃんです。ミユキちゃんも「食べられちゃうよー」。そんな2人にかまわず枝を拾い、「てんぐだぞー」とおどかすのんきなレイくん。帰り道、以前鬼のジュースを見つけた道にさしかかると、俄然はりきりジュースを見ようと走る子どもたち。

ところが、今回はそこにはみかんの皮が落ちていました。「てんぐさんがみかん食べたー」とミユキちゃん。鬼のジュースがなくて少し残念そうに見えたのは気のせいかな？ とはいえ、同じ場所でてんぐ実在の証拠を発見したミユキちゃん。保育園の前に来たとき突然、「ミユキ大きくなったらてんぐになるのぉー」。ミサちゃんも「ミサは、おにぃー」。今や、あこがれの存在に!?

遊んだ内容をそのまま劇に

絵本からのイメージをもとに、一人ひとりの発想がつながって、ごっこあそびをくり返すうちに探険あそびになりました。

2月のお楽しみ会の劇あそびでは、ずっと遊んできたてんぐや鬼探険あそびをつなげたお話にしたいなと思い、実際に遊んだことを紙芝居にして読んでみました。自分たちが遊んできた内容なので、ストーリーもすぐ覚え、セリフもどんどん勝手に出てくるのです。1、2回動いてみただけでばっちり！ お楽しみ会当日も、いつも遊んでいるときのように楽しむことができました。Y

> **保育の目のつけどころ**
> ドキドキするけど楽しい。こわいけどあこがれちゃう。そんな子どもの心の動きがつながったあそびでした。広がったイメージを、絵など目に見える形にすると共有しやすいですね。

ことばあそびうたを楽しんで　　2歳児クラス

　おしゃべりが楽しい2歳児クラス。
　『めのまどあけろ』はみんなの大好きな絵本でした。はじめにおもしろがったのは「かんかんおこりむし……」でした。一回となえたあと、「おこりむしがおなかの中にいる子はいないかな？」と聞くと、「あのね、トシユキくんがぶったの」という話がでてきました。「じゃあきっとトシユキくんのおなかの中にはおこりむしがいるんだよ。そのおこりむしを追い出そう！」とトシユキくんのおなかに向かってとなえると、トシユキくんも自分のことではないと思うのか、ニヤニヤ笑っています。そのあとも口々に「あのね、お母さんがねー、おこるの」などと言います。「じゃあお母さんのおなかのおこりむしを追い出そう。どっちにいるかな？」と言うと、「あっち」「よーし、あっちに向かって言うよ」というように、いろんなとなえ方をして遊びました。
　「たらこ　かずのこ」はことばの最後に「こ」がつく音なので、一言ひとことリズムをとりながらとなえると楽しい〈ことばあそびうた〉です。それも〈たべもの〉のうたなのでわかりやすい様子。ときどき知らないことばがあっても、音をとらえてすすんでいき、最後に「いたずらっこは　はらっぺこ」を実感をこめて言う子どもたちです。
　「せっけんさんがすべった……」では「すべっておでこをぶっつけた」と言ったとたん、シオリちゃんが「ゴツン！」とげんこ

『めのまどあけろ』
谷川俊太郎 作
長新太 絵
福音館書店

3章　笑いと楽しさでつながる　　　　4章　いっしょに心を動かしてつながる

つで頭をぶつまねをしました。これはおもしろいと思い、それからは、「ぶつけた」のあとは「ゴツン！」「いてっ！」というような表現を入れたりして楽しみました。このように『めのまどあけろ』の中のいくつかの〈ことばあそびうた〉を口ずさんで覚えてしまった子どもたちです。

　ちょうどそのころ『めっきらもっきらどおんどん』の絵本も楽しんでいました。そこで運動会では、これらのとなえうたを歌っている子どもたちの声をテープで録音して流し、表現あそびをしました。

　また、就学祝い会のときには、各クラスの探険あそびを合わせたお話・劇づくりをしたので、保育園のみんなでとなえる〈ことばあそびうた〉もつくりました。

『めっきらもっきら　どおんどん』
長谷川摂子 作
降矢なな 絵
福音館書店

　　キロロンもりの　モリリンきのこ
　　きのこ　ノコノコ　かおだせ　きのこ
　　どんぐり　ドンドン　おおきくなあれ
　　はっぱの　はらっぱ　パッパと　ひろがれ
　　はるかぜ　そよかぜ　ふいてこい
　　はると　なつと　あきと　ふゆと
　　もりのちからよ　よみがえれ

　このとなえうたは、2歳児クラスの子どもたちも大好きでした。マサくんは、お母さんに何回もとなえて聞かせ、すっかり覚えてしまったお母さんが言おうとすると「だめ！　マサくんが言えなくなっちゃうじゃん」と、文句を言ってきたとのこと。小さい子どもでも〈ことばあそびうた〉は大好きなのです。A

2　共通の文化を育む

保育の目のつけどころ
ことばあそびの絵本は、ストーリーよりも、場面ごとの〈音〉や〈リズム〉を楽しむものなので、ことばの理解力に関係なく、おもしろがることができます。読み手が身ぶり手ぶりで表現すれば、それだけで子どもたちは大笑い、すぐまねをします。

替えうたあそびに川柳ブーム　　5歳児クラス

　耳鼻科検診のあった夕方、「今年のぼたんは良いぼたん」の替

109

えうたあそびがはじまりました。

　お耳の検査はどうでしょう
　お耳をほじってパンパンパン
　もひとつほじってパンパンパン
　わたし、もう帰る
　どうして？
　お耳の検査だから
　お耳の検査ってなーに？
　耳の穴見て鼻の穴見て口の穴見てノドチンコ見るのー
　フーン、バイバイ
　だーれかさんのお耳にカスがある
　わ・た・し？
　そう！
　キャー！

　これを保育士と子どもたちでいっしょにつくり大笑い。みんな今日検診を受けたばかりなので想像ができておかしいのです。

　保育園内で職員がつくる保育者川柳が流行したときのこと。川柳ブームは保護者から、子どもたちにまで広がりました。

　「おとうさん　あたまに　ゆきが　ふってきた」
　　（あのね、お父さんが車、運転しててね、天井を開けたの。そこに雪があって、ドサッて落ちてきたの。そしたらママが「そうなると思ってたよ」って言ったの）

　「ユウコちゃん　力をこめて　臼をつく」
　　（ユウコちゃんさあ、餅つきで10回するとき、最後、力入れすぎて、ドシンッて臼をついちゃったんだよね）

　そのときの様子が目に浮かぶようですね。A

> **保育の目のつけどころ**
> リズミカルな文の模倣や替えうた、川柳は5歳児の得意とするところ。まわりの出来事を冷静に観察しつつ、あるいは思い出し、フフフと笑いながらでないとつくれません。当事者としての出来事を、別の視点に立って見るから笑えるのですね。

3章　笑いと楽しさでつながる　　　　4章　いっしょに心を動かしてつながる

おもしろがったことを〈クラスの文化〉に

保育の勘どころ⑫

〈マイクラス版物語〉のはじまりは……

　5歳児クラスの5月、登園してきたコヌマくんが「かっぱおやじがいたんだよ、知ってる？」と駆け込んできました。"かっぱおやじ？　おもしろそう"と考えて、まわりの子どもたちの反応を楽しみにわざと大げさに聞き取り調査をはじめました。「どんな顔しているの？　こわい顔？　じゃぁ、目はつりあがっているのね。それから？」と紙に「かっぱおやじ」なるものの顔を描いていると、次々に子どもたちがのぞき込んできます。「ラッパ持って、菜っ葉食べてるんじゃないか？」「ちがうよ、人間の魂をすいとるんだよ！」「わかった！　かっぱが火星に行ったとき、カミナリが落ちてきて、恐竜人間と合体して、かっぱおやじになったんだよ！」と言い合いながらイメージをふくらませます。それをみんな描き込んで、「きみはかっぱおやじを見たか？」とタイトルをつけ、即席ポスターの完成。壁に貼ると、みんな興味津々で集まってきて読み合っています。

　すると、「ホールにも部屋にもいないから、もしかして、トイレの水の所にいるんじゃない？」と言う子が。それを聞いて「よし、調べてくる！」と早速虫メガネ片手に保育園中を探しまわる子どもたちが出てきて、「水を飲もうとしたら、かっぱおやじの目が光った！」「ぼくの頭をかっぱおやじがぶった！」と次々に報告。翌日も朝からかっぱおやじの話題ばかり。これがその後1年間続いたかっぱおやじ探険のはじまりでした（安曇幸子・伊野緑・吉田裕子『でた！かっぱやじの舞台裏』サンパティック・カフェ、pp.30-33）。

　保育の中で、最初は数人がおもしろがっていたことだったのに、クラスのみんながおもしろがっていくことがよくあります。ハプニングからはじまることもあれば、クラスで取り上げた絵本やうた、みんなで体験した劇や人形劇などからはじまることもあります。

イメージだけではなく、心の動きも共有できる

　子どもたちがおもしろがっていることをどのように広げていくのか、ここが保育士の腕の見せどころです。アンテナの感度をよくして、子どもたちの話に聞き耳を立てることが大切です。子どもたちが考え続けるようになると、次々に疑問がわき、絵本や図鑑で調べたり、子どもたちの考えていることに沿って保育士がちょっと後押ししたりすれば、さらに想像がふくらみ議論が沸騰し、子どもたち自身が〈マイクラス版物語〉をつくりだしていくのです。そして日々のできごとをただちにクラスだよりにすれば、保護者も巻き込み、保育記録にもなり、書きながら保育士自身も明日はどのような展開になるのかとワクワクしてきます。

2　共通の文化を育む

といっても、この〈マイクラス版物語〉はワーッと展開したかと思うと、その後フッと消えてしまうことも。でも、やがてだれかが「かっぱおやじがさ……」と口にして、じっと待っていると、あちこちで子どもたちの話題になりだすときがきます。このときがチャンス。みんなが聞いているところで、「かっぱおやじは今どこにいるのかなぁ？」とつぶやくだけで再び火がつきます。あせらず、子どもたちの心の中で物語が育っていく時間をじっくり待てばいいのです。それでもみんなの話題にならないなら、あきらめることも大切です。おもしろがるのは子どもたちなのですから、子どもたちしだいなのです。
　こうした〈マイクラス版物語〉は、それをつくっていく過程でのドキドキ、ワクワク、こわい、大笑いといった心の動きと深く結びついています。〈マイクラス版物語〉は、〈イメージの共有〉といった認識的な側面だけではなく、〈おもしろさや楽しさの共有〉という情動的な側面と分かちがたく一体になっているところに大きな意味があります。

〈クラスの文化〉として

　小説家で劇作家の故井上ひさし氏は、「私は毎日毎日の習慣を束ねたものが文化だと思っています。何時に起きて、朝、何を食べて、夜はどう帰ってくるか。よく映画を見るか、劇場やコンサートに行く習慣があるか、本を読むか読まないか。つまり何を大切だと思って毎日を過ごしているか。こういったことを束ねたものが文化であり、文化の質だと考えています」と語っています（「しんぶん赤旗」2008年1月7日付）。毎日の生活の中で大切にされ、くり返されることが、文化としてその人の生活のしかたや考え方の質を決めていくというのです。文化的なことというと、価値あるものを受け取り楽しむことと考えがちですが、文化は自分たち自身が生活の中で価値を発見し、選びつくりだしていくものなのですね。
　各家庭に〈家庭の文化〉があるのと同じように、子どもたちが長い時間をともに生活する場である保育園には〈クラスの文化〉〈園の文化〉があります。おもしろくて夢中になって考えて遊んだ〈マイクラス版物語〉はまさに〈クラスの文化〉です。友だちの考えに触発されて考えていく楽しさや、みんなで考え合うと思いもよらぬ発見があることを知り、子どもたちは価値観やものの見方、感じ方を育てているからです。
　園にはさまざまな特技を持った保育士がいます。植物の栽培や虫にくわしい人、絵や製作が得意な人、作曲が得意な人、手品が得意な人、演劇好き、泥だんご名人などなど。こうした特技が子どもたちの物語に火をつけることもあります。まさに〈園の文化〉です。心が躍動する日々のクラスや園での生活は、〈クラスの文化〉〈園の文化〉として子どもたちのこれからの生き方の基底になっていきます。大切に取り組みたいものです。T

3 〈ごっこ〉はつながる

違う何かになりきって、いっしょにつくるもう一つの世界。どんどん広がる！どんどんつながる！

食べ物やさんにお医者さん　　2歳児クラス

　5月生まれのメメちゃん、三輪車をひっくり返しペダルをまわし「何食べますか？」と食べ物やさん。するとまわりにいた子たち、一つひとつ手渡され食べるまね。マリちゃんは無言でもぐもぐ……。

　そのうち目の前で転んだ子を見たメメちゃん「あ、じてんしゃでぶつかったのですか？」と急にお医者さんに変身。「はーい、つぎはアイちゃん」と一人ずつ名前を呼び出し背中やおなかをめくりあげて診はじめ……。

この様子にミサちゃん、割り込もうとして失敗し転んであごを打ち、本当の患者さん？　何気なくギューッとお尻で入り込んでいくミユキちゃん。
　それを保育士の横で見ながら「おもしろいね」とナッちゃん。出たり入ったり、でもなんだかつながっているんです。Y

> **保育の目のつけどころ**
> 友だちに合わせて変幻自在。それができればあそびの楽しさ倍増です。

ママになったみたい？ 　　3歳児クラス

　ブランコの柵に、自分たちの帽子や靴下をぶら下げているナッちゃんたち。
　"庭で遊ぶときには、帽子をかぶる約束なんだけどなー"と思いつつ、「何してるんですかー？」と声をかけると、「あ、今お洗濯してるんです」。
　ミサちゃんも「忙しいんですー」。もっともらしい理由に、保育士も妙に納得。このやりとりを聞いて、ほかの子もかぶっていた帽子を柵へぶら下げはじめました。
　しばらくすると、ガシャガシャとリズミカルな音が……。同じブランコの柵内にレジャーシートを敷いて砂をまき、四つんばいになって砂をこすってガシャガシャ音を出しているはだしのアイちゃん。「今ね、お風呂洗ってるから」。
　本当にそんな音に聞こえてました。Y

> **保育の目のつけどころ**
> 〈働き者のママ〉ぶりが見えれば、本当はかぶってほしい帽子を〈洗濯〉しちゃうのも"ま、ありかな？"と思えてきます。

84歳の元気なおばあちゃん 　　5歳児クラス

何になろうかな……
　児童館へ遊びに行ったときのこと。ままごとコーナーで女の子たちが楽しそうにおうちごっこをしていたので、久しぶりに入ってみたくなりました。

「いれて！」と声をかけると、「いいよ」と即、返事。

仲間に入ったとなると、すぐに「わたし、おねえちゃん。リナって名前なの。大学生なんだー」「小さいおねえちゃん、幼稚園に行ってんだー。サオちゃんっていうの」と、自己紹介してくれます。反対に「何になる？」と聞かれたので、"何にしようかな？"と思案。どうせなら、子どもがやらないような役をと思い、「うーん、……おばあちゃん！ 84歳の元気なおばあちゃんね」。これには「えー！」とのけぞりつつ、すぐに受け入れてくれる子どもたち。じつは、このころちょうど母を介護中で〈おばあちゃん〉というものに関心があったのです。

保育の目のつけどころ
子どもたちは、関心を寄せている存在や身近な家族になりきることが大好きです。保育士も自分のやりたい役をやると、次々アイディアがわき出てくるものです。

子どもの見ている世界が表現される

お母さん役のケイちゃんから、「ねえ、84歳の元気なおばあちゃん！ 赤ちゃんの面倒見てよ」と声がかかりました。その横では、赤ちゃん役のユイちゃんが床にゴロンと仰向けになり、手足をバタバタさせ、「ウエーン、ウエーン！」と、泣き続けています。わたしが入ってもまったく反応せず、見事な赤ちゃんぶり！

「はい、ミルク」と、お母さんから細長い積み木を渡されて、ミルクを飲ませることになりました。「よしよし」と横抱きすると、ユイちゃんはすっかりミルク飲み体勢。目をつむり、うっと

りした顔つきで、「チュッ、チュッ」と口をすぼめて、すっかりなりきっています。そして突然パッチリ目を開け普通の声で、「あのね、少しだけブルッと震えるのね」と説明。そしてまたうっとりと目をつむると、少しだけブルッと震えたのです。

「え、なに？ おしっこでもしたのかな？」と聞きたくなりましたが、なりきっているユイちゃんのうっとり顔を見ていると、聞くに聞けず……。実際、ユイちゃんの家には０歳の弟がいるのですが、さすが日々いっしょに過ごしているだけあって、すごい観察力です。そして、その後もユイちゃんは、ひたすら赤ちゃんに徹していました。状況を説明するときだけ「今、眠いのね」というように、われに返って（！）真面目な顔になるのでした。

……と、今度はケイちゃんお母さん、「あー、忙しい、忙しい。あのね、夜ご飯作ったから、おばあちゃん、赤ちゃんを寝かせといてね。これから仕事に行かなくちゃいけないのよ」と、バタバタ出かけて行ってしまいました。すると、おねえちゃん役のナホちゃんたちが、「おふとん敷いたよ！」「電気消すよ」と、いろいろ世話してくれます。そして、いい頃合いに戻ってきたお母さん。「朝よ、起きなさい！ あー疲れた！ お母さん、仕事で寝てないのよ。これから寝るから」。

わたしはもうふき出しそうになるのですが、まわりの友だちは反応なし。"別になんでもない"といった顔をしています。ケイちゃんのお母さんは夜勤のある仕事。ふだんは、おばあちゃんと過ごしています。きっと毎日、こんな生活なんだろうなあ。

ほかの子を巻き込む

ケイちゃんお母さんが寝てしまったので、「じゃあ、赤ちゃんと散歩にでも行こうか」と、出かけることにしました。「散歩」と聞くと、ユイちゃん赤ちゃんはムクッと起き上がり、「バブバブ……」と四つんばいです。あちこち散歩のフリをしながら歩きまわり、"何かおもしろいことないかなあ……そうだ、おばあちゃんといえば世間話"と見まわすと、ボールあそびに熱中しているダイちゃんがいました。"よし！"とばかりに、「あらま、お

保育の目のつけどころ

子どもたちの細かな表現に感心。きょうだいへの微妙な思い、家族の生活ぶり・奮闘ぶりが垣間見えたりもします。

3章　笑いと楽しさでつながる　　　4章　いっしょに心を動かしてつながる

じいちゃん、久しぶりだね。元気だった？」と声をかけると、ダイちゃんは、一瞬キョトンとした顔。でも、すぐ察しがついたらしく、ニヤニヤッと笑うと「はい、はい。こんにちは」と、調子を合わせてくれました。「ほら、ウチすぐそこなのよ。今度、お茶でも飲みにいらっしゃいな」「はいはい……」とやっぱりニヤニヤしています。

　"どうかな？　遊びに来てくれるかな？"なんて思いつつ家に着くと、もううしろにダイちゃんが来ていて、「どうも……」と照れ笑い（そういえばダイちゃんの家には、お弁当作りから車の運転、赤ちゃんの世話までこなしてくれる、まだ若々しいマメなおじいちゃんがいたんだっけ……）。「あらー、いらっしゃい。お茶でも飲んでって！」と言っていると、すぐにおねえちゃんが「はいお茶。熱いわよ！」とコップを2つ差し出してくれました。こうしてダイちゃんとお茶のみタイムを楽しみました。そして次の日、またおうちごっこがはじまったときは、ダイちゃんは最初から〈働き者おじいちゃん〉になっていたのでした。A

保育の目のつけどころ

保育士は、自らごっこに参加しつつも、なかなかごっこに入らない子にも気を配り、仲間に入れるようにすることも大切。ただ、このクラスではもうそんなことをしなくても、あ・うんの呼吸で自在に出たり入ったりできるようになっていました。クラスの子どもたちが日ごろから心地よくつながってきている証です。

3　〈ごっこ〉はつながる

コヌマ大王ごっこ　　　4歳児クラス

　散歩先の公園のすべり台で、2本の傘を立てて、おうちごっこがはじまりました。みんなといっしょに遊んでいたケンちゃんが、魚焼き網を見つけて、石を並べて焼きだしたところに、コヌマくんがやってきました。

　「よこせ！」と、強引にとろうとするコヌマくんに、力ではかなわないと思ったのか、「ダメー！」と、あわてて逃げるケンちゃん。ところが、すべり台の上で「持ってこい！」と怒っているコヌマくんと、その上の傘が、お城の屋根らしく見えたのか、くるりと向きをかえてコヌマくんのところへ戻っていったのです。

　「コヌマ大王さま！　ご飯ができました」と、うやうやしく手に持っていた石ころを差し出すケンちゃん。もらったのがただの

1章　毎日の暮らしの中でちょっとずつつながる　　　　2章　揺れてぶつかってつながる

　石ころなのに、この態度の違いにすっかり気をよくしてしまったコヌマくん。その気になってすべり台の上にどっかり座り込み、「ヨシヨシ」の表情です。ちょうど、保育園のお楽しみ会で、「白雪姫」の保育士劇を見たところだったので、そのイメージなのでしょう。
　ミズキくんも、これはおもしろいと思ったのか、すべり台の下に小枝を集めて、「コヌマ大王さま。たき火の用意ができました。これから、魚をつってきます！」。ハーちゃんも葉っぱを拾ってきて、「コヌマ大王さま。お野菜をもってきました！」と、次々にみんなが貢ぎ物。ミドリちゃんたちは、「わたし、コヌマ大王さまの女王さまになる」「コヌマ大王さまのお姫さまがいい」と言いだし、思いがけない人気者ぶりに、すっかり大満足のコヌマくんだったのです。
　そして、このあそびをめっぽう気に入ってしまったらしく、保

3章　笑いと楽しさでつながる　　4章　いっしょに心を動かしてつながる

　育園へ帰ったあとも、「コヌマ大王さまごっこしようよー」と、友だちを誘うコヌマくん。「今はやらない」と断られても、「やろう、やろう」としつこくて、「みんな今はやりたくないんだって」と話しても、「じゃあ、だれとやればいいんだよー！」と泣きべそ顔。とうとうミズキくんに、「しょうがねぇなあ、じゃ、やってやるか！」と言われていました。

　その数日後のことです。コヌマくんが、ハーちゃんの使っていた積み木を取り上げようとしました。「わたしだって使いたいんだからダメ」と抗議するハーちゃんに、「だって、あれはオレが使いたいんだ！　ワァー」と怒って泣きだそうとするコヌマくん。……と突然、パッと表情をかえて、「アッ、いいこと考えた！　いれてって言えばいいんだ！　イーレーテー！」と、明るくハーちゃんに駆け寄って行ったのです。

　「エーッ」とのけぞるハーちゃんに、コヌマくんの変化がうれしい保育士が、「今コヌマくんは、みんなといっしょに遊べばいいってわかって、言ったんだよ！」と言うと、みんなも大笑いだったのです。A

保育の目のつけどころ

4歳児クラスの秋から途中入園してきたコヌマくん。感情の出し方がはげしいところがありましたが、友だちとごっこを楽しめるようになって次第に変わっていきました。ごっこ仲間の中では虚勢をはる必要がなくなり、素直に甘えられるし、気持ちを切り替えることができるのですね。

3 〈ごっこ〉はつながる

クラスをこえて営業中！　　2〜5歳児クラス

それはままごとコーナーからはじまった

　数日前、ままごとコーナーに黄色の毛糸を出しておいたところ、3歳児クラスの子どもたちは、早速それをラーメンの麺に見たててごっこあそびをはじめました。鍋や茶わんに入れ「あなたぁーできたわよぉー」と楽しそうです。ラーメンといえば〈どんぶり〉。たぶん使うことになるだろうと集めておいたカップ麺の容器を出すと大喜びの子どもたち。

　ちょうどそこへ5歳児クラスのユウくんが来て参加。続いて5歳児クラスのほかの子どもたちも次々に入ってきて、ままごとコーナーでは狭くなり、テーブルを出して作業場を拡大すること

保育の目のつけどころ

子どもたちの様子からあそびの発展する方向性が見えたので、あらかじめ〈どんぶり〉を用意しておくことができました。でも、それを出すタイミングも重要。子どもたちの中にしっかりごっこのイメージがふくらんできた頃合いを見計らって、がいいのです。

119

になりました。

でも、どうも雰囲気が出ない……。

「やっぱりのれんがほしいよね」ということで、黄色の紙に保育士がラーメンの文字と模様をかいていると、「やりたい！」と集まる子どもたち。

「ラーメン屋さんのお店の名前がほしいよね！　何がいいかな？」と聞くと、みんなで考えはじめました。

すると、ハルくん（3歳）が何やら思いついたようです。

「いかたこ！」（大好きな絵本『イカタコつるつる』からひらめいたのです）と言うと、「うん、いいね！」とみんなも賛成。それを聞いてトモくん（3歳）は「タコがかけないよ」とSOS。「かいてあげる」とカヨちゃん（3歳）が言えば、トモくんは色塗りへ。なかなか息が合っています。

『イカタコつるつる』
長新太 作
講談社

いかたこラーメン　本日開店

店には店をまとめる店長がいる、ということで、ユタカくん（5歳）を店長に任命。「店長って呼ばれたらユタカくんのことだからね」に照れ笑い。すぐに紙で店長の帽子と前かけを作りバッチリ！〈店長〉の響きが気に入ったカナちゃん「てんちょー！」と何回も叫んでは笑っていました。

それを見てワタルくん（5歳）「ぼくもユタカくんみたいにしたい」。保育士は内心"きたな……"と思いながら、「ユタカくんと同じにはできません。ユタカくんは店長に決まったので副店長だったらなれますけど……」というと、「それでいい！」。

その会話を小耳にはさんだヒロくん（3歳）。

「先生、フックせんちょうはピーターパンなんだよ！」と真剣そのもの。

「え!?　何のこと？」と考え込む保育士。

ふく→フック、店長→船長……つまり〈副店長〉が〈フック船長〉に聞こえてあわてて来たのです。これには大笑いでした。

さらに「ねぇねぇ、ワタルくんみたいにしたい」とアツシくん（5歳）。「ただいまラーメン屋の店長がユタカくん、副店長がワ

保育の目のつけどころ

5歳児のユタカくんは、クラスでは目立たず、まわりの子になじめないところがあり、よくわたしが担任している3歳児クラスに遊びに来ていました。そんなユタカくんに小さい子たちがあこがれるような出番をつくってあげたいと、このときは、その場にいたクラスのリーダー的存在の子たちではなく、あえてユタカくんを店長に任命しました。

タルくんなので、マネージャーならなれますけど」と言うと「うん、いいよ！」と決定。

　店が忙しくなりだしたときに「やりたーい！」とレイくん（5歳）とカンくん（5歳）も登場。「うーん、もう店長も副店長もマネージャーも決まってしまったしなぁー！」と言うと、そばにいた保育士が「あとはアルバイトだな」と言うので、「小さいラーメン屋なので、あとはアルバイトにします」ということで決定。このあとレイくんは、年長の担任のところへ行って「ラーメン屋さんに就職してくるね」と言っていたそうです。

まごころサービス

　そんな様子を見て「入れて」と4歳児クラスも参加。アンちゃん（4歳）は出前専門で、できたラーメンを次々配っています。「ラーメンです！」と元気にお客さんを呼び込むリュウくん（4歳）。〈かぼちゃラーメン（収穫した本物のかぼちゃをどんぶりへ補充）〉〈かっぱおやじラーメン（緑の毛糸で）〉などメニューも充

> **保育の目のつけどころ**
> 3〜5歳児クラスは同じフロアで、ふだんから交流があったので、あそびも自然にクラスの枠をこえていきました。保育士同士もしっかり情報交換して、どのクラスの子であろうと、一人ひとりに気を配って、楽しさがつながるようにしていきたいですね。

実。せっせと新作ラーメンを考案していく新商品開発チームにはテルくん（5歳）、「にじ色ラーメンはいりませんかー！」と売り込み全開です。

そして2歳児クラスも来店。器と箸を持って厨房に入り、めん、のり、チャーシューなど、自由にトッピングしてベンチで食べていて、すっかりセルフサービス状態。見ていると、隣の子に食べさせてあげようとしたり、とてもなごやかムード。

そんな中、一人っ子のダイくん（4歳）は、アキラくん（2歳）のことがかわいくて、「ラーメン食べたら抱っこしてやるからな」とずっとそばでお世話し、「やさしくすると甘えてくるんだよなぁー」とうれしそう。きょうだいの甘え・甘えられる心地よい関係が体験できるのも、異年齢のごっこならでは。

またやろうね

「お金がいる」というのでお金を作っていると、レイくん、今度はポイントカードサービスを開始。紙をカードくらいの大きさに切り、四角のワクを書き入れて完成。「1回の来店で1つスタンプ押します」とスタンプとスタンプ台も用意。「このポイントがたまったらどんなサービスがあるの？」と聞くと、レイくん「1千万円もらえます！」。これには「えー！ それはすごすぎる！」と保育士もびっくり。

自分でスタンプを押す人までいて、ポイントがすぐにたまり、次々に1千万円をもらう人が出てしまい、カンくん、急ぎスタンプのワクを増やしたりと工夫。

まだまだやっていたいけど、閉店時間となりました。3歳児クラスではじまったラーメン屋さんごっこは、結局2歳から5歳までまきこんで大繁盛でした。「楽しかったねー」「また、やろうね」とみんないい顔。この日の夕方、アヤちゃん（2歳）は「また、みそラーメン食べにいくの？」「食べたいね」と何回も言っていたそうです。

3歳児クラスではこのあともずーっとラーメン屋さんごっこは進化しながら続いていきました。

保育士の胸のうち

このころダイくんは、お母さんが病気だったこともあり、家では甘えをがまんしているのではないかと気にかかっていました。気持ちがあたたかくなるような経験をできるだけ味わってほしいと思っていたので、このときのダイくんの笑顔とことばが印象に残っています。

保育の目のつけどころ

はじめは3歳児クラスの小さなごっこあそびだったのが、異年齢の子どもたちが加わることで次々と発想が広がり、そして保育士も子どもといっしょにアイディアを出すことでダイナミックなあそびになっていきました。みんなで共有し合っている〈つもり〉の世界の一体感・高揚感が、ごっこあそびの大きな魅力です。

3章　笑いと楽しさでつながる　　　4章　いっしょに心を動かしてつながる

ごっこはすごい！

保育の勘どころ⑬

なりたいものになれる！　やってみたいことができる！

　どの年齢の子どもも惹きつけられる〈ごっこあそび〉。そのおもしろさは、なんといっても〈自分ではないものに、変幻自在になりきれる〉ところ。子どもたちは日々、たくさんの"なりたい""したい"思いをふくらませています。それを簡単に実現できるのがごっこなのです。〈あこがれの仕事〉だってできるし、〈いたずらっ子になって怒られる〉ことや、〈赤ちゃんになって甘える〉ことだってできます。現実の世界では到底なれそうもない〈動物〉や〈電車〉にもなれるし、実在しない〈ヒーロー〉になって〈強靭な力を謳歌する〉ことさえ可能なのです。今の自分から身も心も解放できるあそびなのです。

心の鎧をはがす

　そんな魅力あるごっこですが、なかには楽しめない子もいます。新入園児など、集団に緊張を感じている子はごっこでなりきれず、周囲の目を気にしてはずかしそうな素ぶりを見せたりします。また、〈強いボク〉にこだわる子は、弱いと思える存在になることに抵抗があるようです。そんな子がいったんごっこの世界に足を踏み入れると、グッと変わっていきます。〈やりたかったことができる心地よさ〉に導かれるように、なりきることを楽しみはじめ、鎧を一枚一枚はがすように心が解き放たれていくのです。強い子が赤ちゃん役で駄々こねしたり、おとなしい子が仕切る立場にまわったり、といった力関係の入れ替えが、ごっこの中ではよくみられるのですが、子どもの〈見た目の姿〉と〈心の中〉は違う場合があると気づかされます。"本当はふざけてみたい！""甘えたかったんだ！""強くなりたい！"、そんな心の中の思いを、子どもたちはごっこを通して、自覚したり、客観視したりできるのです。

こだわりから自由になる

　ごっこは一人でも遊べるあそびですが、なんといっても友だちといっしょだと、楽しさも倍増です。でも、友だちとのごっこを長続きさせるには、お互いの〈つもり〉を理解し、ときには自分のこだわりを脇に置いて相手のイメージを許容し合える関係が大事になります。たとえば、おうちごっこをしていて、友だちが突然「チーターになる」と言ったとき、「チーターなんていないよ！」と拒否したらケンカになるか不満がつのるばかりです。そこを一歩譲って「じゃあ、この家はチーター飼っているのね」と臨機応変にこたえていくことが大切なのです。実際、子どもたちのごっこを見てみると、自分の考えの説明や補足のやりとりをよくしているのがわかりま

3　〈ごっこ〉はつながる

123

保育の勘どころ⑬

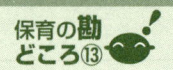

す。こうして、友だちとうまくつながっていけることで、1人より3人、3人より数人……と友だちが増えるたびに発想も広がり、あそびがおもしろくなるのです。

　なにしろ、ごっこは形にこだわる必要がないのですから、そこにいる子どもたちの、自由な発想やイメージ次第でいかようにもふくらませることができます。たとえば、「たたかいごっこしようよ」から「基地をつくろう」になり、「ドラゴンもいるのね」と〈ドラゴンの家族ごっこ〉で盛り上がることがあります。〈やまんば探しごっこ〉から〈やまんばのご飯づくり〉になり、「魚釣ってくる！」から「ぼく、魚になるよ」と〈魚のエサやりごっこ〉になったり、はたまた〈池に落ちるごっこ〉になったり……。子どもたちの中には、〈おうちごっこ〉〈お店屋さんごっこ〉〈ヒーローごっこ〉〈探険ごっこ〉といった仕分けはなく、お互いに自由にアイディアを出し合いながら、さまざまな〈つもり〉を楽しんでいるのです。保育士も、このごっこはこういうあそびと固定化して考えないで、子どもたちの奇想天外な発想をおもしろがれるように頭をやわらかくしたいものですね。

毎日の暮らしの中の〈おもしろい〉をキャッチしよう

　実際、子どもたちはごっこの題材を、おとなが気づかないところからも見つけだします。

　ある日、1歳児クラスのお母さんが、「家で子どもが保育士のまねをする」という笑い話をしてきました。それは、「♪おーはなし、おーはなし……」という絵本タイムのうたからはじまり、うたを途中でさえぎって、「あっ、メガネ、メガネ……。どこだろ？」と、あたふた老眼鏡探し、という年配保育士の姿の再現なのですが、いやはや、はずかしさも通り越し、2歳の子どもの感度のよさに、感心してしまうくらいです。こんなふうに子どもたちは、おとなの何気ないクセもしっかりキャッチ。毎日の暮らしの中で、〈おもしろい〉をキャッチするアンテナをはりめぐらしているのです。

　だから子どもたちは、保育士が設定した時間だけでなく、生活の切り替えのちょっとした合い間でも、ごっこをはじめたりするのでしょう。着替えのとき、お気に入りのシャツを見たとたんあこがれている姿になりきったり、耳に入ってきた救急車のサイレンからあそびを連想したり。一人の"いいこと思いついた！"が瞬時に友だちに伝わり、みんなのごっこへ。そんな何気ないすき間の時間に自然発生したごっこにこそ、注目してみてください。何を子どもたちはおもしろがっているのか、イメージがどうふくらんでいるのか、その糸口を見つけることが、子どもとつながるチャンス！　そして友だちみんなと味わう充実感あるごっこ、その積み重ねが、クラスの一体感、高揚感をつくりだし、探険あそびや劇づくりといった大きな取り組みの土台となっていくのです。A

4章

いっしょに心を動かしてつながる

　子どもたちは、何か夢中になれるものを見つけると、「何これ！」「すごい！」「こわーい！」と心が揺さぶられ、次には「どうしてそうなるの？」「どうしたらいい？」と頭がクルクル回転しはじめます。そして、そこに仲間がいれば、「じゃあ行ってみよう」「今度はこうしてみよう」と勇気百倍、一人じゃ思いつかないとっておきのアイディアもひらめいて……仲間といっしょに心を動かしてつくりだす、新しい物語がはじまります。保育園時代、どの子にも保障したい、かけがえのない時間です。

1章　毎日の暮らしの中でちょっとずつつながる　　　　2章　揺れてぶつかってつながる

1 実践
小さな命を五感で感じる

3歳児クラス

伊野　緑

> **保育士の胸のうち** 東京23区の中でもとくに緑が少ない豊島区にある、コンクリートのテラスと屋上があるだけで土の園庭がない園での実践です。わたしはこのクラスを1歳児クラスから担任してきました。芝生や草の上を歩けず大泣きする子、砂・土・水に触れるのをいやがる子を目の当たりにするにつれ、できるだけ自然に触れさせたいと思うようになりました。それは園庭がない、という条件の中での1つの挑戦でもありました。
> 　1、2歳児クラスのころから意識的に散歩に出るようにして、草花や土や虫に触れられるようにしてきましたが、3歳児クラスに進級したとき、飼育や栽培活動にも取り組んでみたいという思いがふくらみました。もっと日常の生活の中で自然を体験させたい、そして、種まきしたら水やりして、収穫し、種取りしてまた種をまいていく……というように、命がつながっていることを五感で感じてとってほしいと思ったのです。

本当に芽が出るのか？　種まき三昧な日々

　春、まずは種まきです。市販の野菜や花の種も植えますが、それだけではつまらない。もっとワクワクするような楽しいものにしたいと、子どもたちに相談してみたら、「なんでもまいてみよう！」ということに。散歩で拾ったどんぐり、給食に出たみかんの種からはじまり、アボカド、かぼちゃの種、さらにはこわれた電車のおもちゃまで！　一鉢ずつまいて、それぞれに札を立てました。

数日して、いろいろな芽がニョキ！　と出てくるようになり、いち早く発見した子どもたちは、「あー！　出てるぅー」「本当だ！」「これミオちゃんがまいたんだよ」などと盛り上がり、ほかにも出ていないか探すようになりました。
　そんな中、おもちゃの電車はなかなか芽が出ません。

ヒロトシ「電車出ないね」
ヒロコ（5歳児クラス）「電車なんか出ないよ！」
アイム「出るの！」
保育士「そうだよね！　まだわからないよね。だってヒロコちゃん電車まいたことないでしょ！　芽が出るかもしれないし、出ないかもしれないけど、わからないからまいてみるんだあ。楽しみ！」
ヒロコ「ふーん」（その後は何も言わず観察するようになった）

〈なんでも種まき〉はまだまだ続きます。7月、給食にすいかが出たときのことです。

ダイチ「あーっ！　すいかだ。すいか好き！」
マリ　「種、土にまこうよ！」
保育士「そうだね、まいてみようか。この前のグレープフルーツの種も芽が出たもんね。でも、こんなにいっぱいまいたら、すいかだらけになっちゃうね。フフフ……」
ハルオ「そうだよ！　どんどん部屋にも入ってくるんだよ！」
　　　（とすっかりその気になっています）
カン（5歳児クラス）「すいかのたね、いいね！　あれを見ればいいんだよ！　そうすればわかるんだよ！」（と棚の上の『すいかのたね』の絵本を指さす）
保育士「えーっ！　そうなの!?　これを見るとわかるんだって！　じゃあとで読んでみようね！」

『すいかのたね──ばばばあちゃんのおはなし』
さとうわきこ　作・絵
福音館書店

保育の目のつけどころ Q
じつは給食にすいかが出ることがわかったとき、きっと種まきしたいと言いだすだろうと予想。でも、種をただまくのではなく、もっとイメージをふくらませてみたいと、昼寝前、子どもたちの目につくところに置いておいた絵本に、年長のカンくんが気づいてくれました。絵本の世界を楽しみ、さらにすいかへの期待が高まっていく子どもたちでした。

こうした経過の一つひとつを、新鮮なうちにクラスだよりで親に伝えたところ、家庭でも種が話題にのぼるようになったようです。マリちゃんは、家から料理や食べたものの種（キンカン、すだち、ゆずなど）をせっせと持ってきてくれました。次々「これもまいてみよう」となり、夏までにまいた種はとうとう約15種類までになりました。

緑の小さい赤ちゃん

〈なんでも種まき〉と同時並行で、ピーマン、なす、きゅうりなど野菜の栽培にも挑戦。暑い暑い夏。収穫するまでは毎日水やりしなければいけません。でも、<u>子どもたちが興味を持てないうちに、また水やりの必要性が実感できないうちに、強制することのないようにしたい</u>と思いました。それで、あえて当番などは決めず、まずは保育士がやって、様子を見ながら声をかけたりしていたのですが、子どもたちは保育士がするのをよく見ていて、1人がやりだすと、われもわれもと集まってきてワイワイいっしょに世話をしたがります。

（※保育士の胸のうち♡）

そんなある日。「あー！　小さいのがあるぅー」とマリちゃん、セリハちゃんたちがプチトマトの育ち具合をチェックしていると、「見えなーい！」「どいてよ！」とヒロヤくんがとんできます。次から次へとやってきて、押し合いへし合いのおしくらまんじゅう状態で大騒ぎ。のぞき込んだり、ちょいちょいとさわったりしています。

そのとき、たまたま運悪くアイムくんがさわったときに小さい緑の実が1つポトリ……と落ちてしまいました。「あー！　いけないんだぁー！」「まだ取っちゃだめなんだよ！」とハルオくん、トシキくんが言うと、クラス中がワイワイと騒ぎだし、どうしていいのかわからないアイムくんは「だめじゃなーい！」と反発。

そこで少し時間をおいて食事の時間にみんなに話をすることにしました。

保育士「みんな。これは何の実でしょう？」
子　　「トマト！」
保育士「じゃあこれはどんな色をしている？」
子　　「みどりぃー！」
保育士「うん。お店には赤いトマトはあるけど、緑色のトマトはあるかな？」
子　　「なーい！」
保育士「そうね。ないよね。どうしてないのかなー？」
ミオ　「おいしくないから」
カナ　「まだ赤ちゃんなんだよ」

3章 笑いと楽しさでつながる　　　　4章　いっしょに心を動かしてつながる

モトキ「赤くないとまずいよ」
ダイチ「ダイちゃん赤がいい！」
ヒロヤ「ヒロは緑！」（色を選ぶときは必ず緑と決まっている）

　子どもたちは、頭では"緑色だとまだ取ってはいけないらしい"ということはわかってきているようです。でも、本当はどのくらいわかっているのか、もっと知りたくなりました。それには、どの子も感じ取れる方法がいいと思い、"五感を使おう！"ということで次のように投げかけてみました。

保育士「それじゃあ、これからこの緑色の赤ちゃんトマトを切ってみようか？」（子どもたちがジーッと見つめる中、直径２センチほどのプチトマトを２つにカット）
保育士「うわー！　見て。緑のトマトの中も……何色？」
子　　「緑」
保育士「うん、緑なんだね」
保育士「どれどれ、どんなにおいがするのかな？」（と鼻でクンクンやってみせる。一同、保育士のリアクションに注目）
保育士「うーん。なるほど！　においかいでみる？」
子　　「においするぅー！」（クンクンと犬のようにかぐ子どもたち）
ヒロトシ「うわ！　くさい！」（と鼻を押さえる）
ハヤオ「いいにおいする」（とニコニコ）
保育士「じゃあ、食べてみたい人！」

　シーンとする中、アカリちゃんだけが「たべるぅー！」と手をあげました。みんなが注目する中、さらに小さくカットしたひと切れのトマトを口へ……。
　"うぇっ"という感じなのに、「おいしいよ！」とひと言。ほかの子も、負けてはいられぬ、とばかり、次々「たべるぅー！」が続き、結局全員が口にしてみました。
　モトキくん、かなり無理して「あまーい！」のコメント！　あまりの青くささに「まずい」とカナちゃんが口から出すと、みんなもやはり出していました。このころには、どの子も口の中は青くさくてまずい……。"えらいもの食べちゃったな……"という思いがあり、目と目が合うだけでその思いが通じたのか、「まずい、まずい」と言いつつ、大笑い。もちろん、プチトマトを落としてしまったアイムくんのことを言う人はだれもなく、当のアイムくんも楽しそうにみんなと同じ"まずい"を共有し、笑っていました。

保育士の胸のうち

１　実践　小さな命を五感で感じる

129

| 1章　毎日の暮らしの中でちょっとずつつながる | 2章　揺れてぶつかってつながる |

　次々収穫した野菜（プチトマト32個、きゅうり41本、なす114個、ピーマン210個！）は、調理さん自身も楽しみながら協力してくれて、そのつど一品料理にしてくれました。切るところや味つけ、盛りつけなど、できるところは子どもたちもどんどん参加して、とれたてのおいしさをくり返し味わうことができました。
　9月頭には直径12センチのすいかも収穫。少しずつわけあって味わいつつ、翌日にはすいかちょうちんもつくって（ただしこれは近所の八百屋さんにいただいたすいか割り用の大きなすいか）、すいかの中も皮も堪能しました。

電車の葉っぱが出てるよ！

　〈なんでも種まき〉でまいたかぼちゃも、数本つるが伸び、秋には小粒ですが2個収穫。どんぐりも芽を出したあと、10月末ごろになると幹が直径1センチの太さまで育っていました。子どもたちにさわらせてみると「かたーい！」とびっくり。〈なんでも種まき〉の鉢たちはしばらく忘れ去られていた存在でしたが、どんぐりの立派な育ちっぷりを目で見るだけでなく手でさわって感じることで、ほかの種のことも思い出した子どもたち。
　今度はトシキくんが土の中から電車のおもちゃが顔をのぞかせている鉢に芽が出ているのを発見！「先生ほら、葉っぱが出てるよー‼」とあわてて見せにきました。

思わず「それは雑草……」と言いそうになりましたが、トシキくんのあまりの感動ぶりに、保育士「本当に葉っぱが出てるね。これ電車の木になるのかな？」とこたえると、大事に鉢を抱えてやっぱり日当たりに並べています。

そんなトシキくんの様子を見て、すぐに集まってくる子どもたち。モトキくん、ハルオくん「あー！　本当だ。葉っぱが出てるー！」と大興奮でした。

しかし、何かの雑草らしいその葉っぱは、その後は変化に乏しく、トシキくんたちからも再び顧みられることのないまま人知れず枯れていきました。

自分で感じ、自分の頭で考える

ある日、わたしが日当たりのよくない所にある大根の葉を見て、「大根、やっぱり日が当たらないから伸びないなあー」とひとりごとをつぶやくと、すぐにセリハちゃんは、自分の種まきした鉢を日当たりのよい場所に運び出し、ほかの子も見てまねしてやりだしました。

ちょっとしたヒントで"日当りのよいところだと伸びるんだ"と感じて自分で考えて工夫できるのだと思いました。種から芽が出てぐんぐん育つ過程そのものが、子どもたちの心を動かし、植物への思いを育てるのかもしれません。

この大根は種をまいた時期が遅めだったので心配していましたが、小さいながらも立派な大根を収穫することができました。一部残して花を咲かせ、みんなで種もとりました。

個性に合わせて土を耕す

いろいろなものを子どもたちといっしょに育ててきて、種まきといっても、取り組み方次第で多様に楽しめるものだということをつくづく感じました。それに、種も人に似ているなと思うのは、色も形もみな違い、同じ種でも芽の出方、伸び方もいっせいではないというところ。一つとして同じものはなく、その違いがあるからこそおもしろいのだと思います。一つひとつみんな個性があり、個性に合わせた土、肥料、整枝、摘果摘芯のしかたがあり、手をかければそれが伝わるのです。子どもを育てるのと同じだなと思いました。

子どもが育つためのさまざまな素材は、自然の営みの中にたくさんころがっています。それを子どもたちが自ら見つけ、考え、動き出せるように、その土台をほどよく耕しておくのが保育士の役割なのではないでしょうか。そのために大切なのは、今、子どもたちが何に興味を持っているのか、どんなふうに心を動かしているのかに目を向け、保育士自身がいっしょに楽しみ、共感していくことではないかと思いました。

14 保育の勘どころ　生き物との暮らしが育むもの

命の営みを五感で感じてほしい

　栽培というと、最近は食育の一環で取り組むことも多いですが、どうしても野菜の種や苗を植えて水やりし、収穫して食べるという部分に集中した活動になってしまいがちです。また、たとえばカブトムシの飼育でも、成虫になるまでは熱心に世話をしても、成虫が死んでしまうとその後の卵や幼虫の存在は忘れられがち、ということはないでしょうか。行事や当番活動とどうかかわらせるかも、実際には考えどころです。

　でもまず大切なことは、生き物を通して子どもたちに何を経験させたいかということだと思います。わたしは何よりも、命はつながっていることを五感で感じ、"不思議だなあ"とか、"これからどうなるんだろう""どうやって世話したらいいんだろう"などと、仲間といっしょに心を動かしてほしいと思っています。枯れたり、死んでしまったりということも含め、命の営みを丸ごと体験させたいとこだわるのは、そのためです。

まさかの展開に心揺さぶられ

　プチトマトを育てていたとき、まだ熟していない緑の実を落としてしまったアイムくんのおかげで、みんなで青くささを実感し、クラス中が〈まずい〉という感覚でつながることができました（129ページ）。うまく育てることは目指しつつも、うまくいかないことや失敗することも大切にし、それをどう生かすかを楽しみたいと思います。生き物との暮らしでは、予想外のことが起こります。だから大変であり、おもしろくもあるのです。

　3歳児クラスで卵から育てたアゲハが無事羽化し、子どもたちと空へと放し「バイバーイ。げんきでねー」と見送っていたそのとき、事件は起こりました。青い空高く一直線に羽ばたいているアゲハの前を、サーと横切る黒い影（ヒヨドリ）。一瞬にしてパクッとアゲハを口ばしで挟んで食べてしまったのです。何が起きたのかわからず子どもたちは絶句。担任が「あー！　鳥が食べちゃった……」と言うと、ショックで泣く子、「カラス（ヒヨドリだということがわからないので）のやつー！　ばかやろー！」とどなる子と騒然。まさかの展開を前に、どうしようもない気持ちを表現する子どもたち。それほどにアゲハは子どもたちにとって、クラスの一員であり、いとおしい存在となっていたのでしょう。自然界で生きる厳しさに心揺さぶられた出来事でした。

横並びでつながれる

　ダンゴ虫は、都会の子どもたちにとっても、身近な仲間です。

0歳時代、ダンゴ虫に気づくと目で追い、指でつまもうとしてついつぶしてしまうことからはじめます。1、2歳のころは、見つけて喜んだり、「つかまえて！」と保育士にカップに入れてもらい、友だちと見せっこして〈おんなじ〉を共有したりしています。これが3歳ごろになると、"友だちよりたくさん集めたい"や"友だちより大きいのを見つけたい"という気持ちも出てきます。4、5歳にもなると、友だちと協力して集めたり、見つけるのが上手な子にどこにたくさんいるかを聞いたり、「ダンゴ虫は何を食べるの？」と疑問が出れば、友だちと図鑑や本で調べ、エサを探したりするようにもなります。

　いっしょにダンゴ虫に夢中になる中で、それまであまり接点のなかった子ども同士が、いつの間にか肩を並べていたりします。子どもたちとともに暮らす生き物たちは、子ども同士をつなげてくれる存在でもあるのです。この関係はたいてい、力関係の差や緊張感が生まれにくい、ほのぼのしたいい感じです。

おとなたちにも広がる輪

　つなげてくれるのは、子ども同士だけではありません。さまざまな取り組みをする過程で、自然にクラスの枠が取り払われ、調理や用務の職員とのかかわりも生まれます。さらに生き物をめぐる日々の出来事をタイムリーにクラスだよりで知らせていくと、ほかの話題ではあまり反応はなくても、思わぬところに生き物好きはいるもので、家庭にも地域にも共感が広がっていき、協力者があらわれたりするのです。

　3歳児クラスを担任していたとき、遠くに住むクラスの子のおじいちゃんが、保育園にカブト虫の幼虫を送ってくれたことがありました。幼虫からサナギ、成虫、産卵、死、新しい命の誕生のサイクルと、命がつながっていることを目の当たりにする貴重な機会となりました。おじいちゃんが孫のために航空便で送ってくれた幼虫を、「保育園で飼いませんか？」と言って園に持ってきてくれたお母さんがいたからこそ得られた機会。その後も、おじいちゃんと子どもたちは手紙のやりとりを重ねました。子どもたちはそのおじいちゃんに一回も会ったことがないのに、とても親しみを感じ、人とつながっていくことのすばらしさを実感した思い出深いエピソードです。

　保育の中で日常的に生き物とふれあう機会をつくることは、意識的に工夫しなければできないし、準備や世話にも手をとられます。でも、子どもたちといっしょに五感を働かせ、命の営みの不思議さに一喜一憂する体験は何にも代えがたいもの。子どもが安心して遊べる自然が貴重なものとなってきているからこそ、今後も大切にしていきたいと思います。

2 実践
ユッくんといっしょにつむぐ物語
4、5歳児クラス
安曇幸子

　ユッくんが保育園に入ってきたのは、4歳児クラスの春のことでした。クラスのほとんどの子どもたち（男児8人、女児12人）は、3歳児クラスからの進級児。絵本や探険あそび、友だちと遊ぶのが大好きな子どもたちでした。

　自閉症という障がいのあるユッくん。保育園生活一日目、お母さんから離れての集団生活ははじめてだというのに後追いしません。部屋の中を興味津々に歩きまわり、棚の上の人形をすばやく見つけて握りしめています。かわいいものが大好きで、手に持っていると安心するようです。ことばはほとんど出ていなくて、何か要求があるときは、保育士の手をとってひっぱります。でも、そんなユッくんの思いをすべて受け止めるのはむずかしく、思い通りにいかないことがあると、そのたびにパニック。床にひっくり返って、クラス中に響きわたる声で泣き叫ぶのです。

　友だちや保育士には関心がなく、まわりの友だちがかかわってくるのもいやなようでした。友だちが声をかけてくると、「あっち、行け」とでも言うように、手で振り払うのです。<u>〈みんないっしょ〉が苦手なユッくんだったので、わたしたちも、クラスの枠や活動を押しつけず、隣のクラスの保育士や事務室の職員にも協力してもらいながら、なるべくユッくんのやりたいことを見守っていくようにしました。</u>幸いユッくんは、保育園で過ごすことは嫌いではないようでした。絵を描くことや絵本の絵を見ることが好きなユッくん。<u>ユッくんの頭の中には、楽しそうなイメージがたくさんつまっていそうに見え、いつかはいっしょに探険あそびができるんじゃないかな、できるといいなあ……そんな希望も生まれました。</u>

この木、ガガゴギって言うんだって

　5月のある日のことです。たまたまユッくんがひっぱり出してきた本は、ほかの友だちが見向きもしないような、字ばかりのいかにもむずかしそうな本でした。パラパラとページをめくり、挿し絵になると手をとめて見入るユッくん。わたしもユッくんの横へいっしょに座

り見守っていたところ、木のおばけのような絵を見て、ユッくんが「ガガゴギー」とつぶやいたのです。

そこには、「想像するとこわい……」といった説明に、擬人化された揺れる木のおばけと、そのそばでこわがっている女の子の挿し絵がありました。とてもインパクトのある絵で、そばで何気なくのぞきに来ていたほかの友だちも「こわいねー」とつぶやいています。

"これは、何かに使えそう！"——そう思ったわたしは、「ユッくん、この木のこと、『ガガゴギ』って言っていたよねえ」と声をかけてみました。すると、なんともう一回、「ガガゴギー」と言ったのです。ふだんはことばのないユッくんが、2回も同じことばを言うなんて、なんだか本当にそのおばけの名前が〈ガガゴギ〉というように思えてきました。さらに何人か友だちが集まってきて、「この木、ガガゴギって言うんだって……」「ね、ユッくん、そうでしょう？」と聞くのですが、もうそのときにはページをめくっていて、何の反応もないユッくんなのでした。

ユッくんのひと言で名づけられた〈ガガゴギ〉。意外とクラスの子どもたちの反応がおもしろく、さっそく絵を拡大コピーして貼り出してみました。すると、この会話に参加していなかった友だちからも、「何コレ？」「こわーい」と反応あり。"探険あそびに使えそう！"と思えたのですが、肝心のユッくんは、貼り出した絵をチラッと見たきりの関心の薄さで、"あーあ……"という気持ちでした。

その後も、クラスとは別行動をとることが多かったユッくん。一方で、ユッくんが名づけ親の〈ガガゴギ〉は、すっかりクラスの中に定着。春の遠足でも、木々の間を〈ガガゴギ〉や魔女探険、虫探しをして楽しみました。ところがユッくんはというと、広い公園を見て大興奮。ただひたすら原っぱの中をつき抜けて走り、保育士と戻ってきたときには、もうお弁当の時間で、とても〈ガガゴギ〉どころではありませんでした。

ユッくんの勇気に「すごーい！」

『もりのかくれんぼう』
末吉暁子 作
林明子 絵　偕成社

『もりのかくれんぼう』の絵本に夢中になった子どもたち。そこで10月の秋の遠足では、子どもたちのもとに届いた手紙を手がかりに、〈もりのかくれんぼう〉を探しに行くことにしました。

たぶん、ユッくんはクラスとは別行動になるだろうと思われました。でも、クラスの一人として、最後の発見場面だけはいっしょに見ていてほしい。そう思ったわたしたち担任は、あらかじめ発見場所を公園内神社と決めておいて、ユッくんといっしょにまわる保育

2 実践　ユッくんといっしょにつむぐ物語

士と、携帯電話で連絡を取り合って落ち合うことにしたのです。

　子どもたちが神社前に駆けつけたときには、ユッくんはもう先に着いていました。そこは木々が茂って薄暗く、見るからにこわそうです。子どもたちは、早く見に行きたいのですが、〈もりのかくれんぼう〉がどんなことをしようとしているのかわからないので、入るにも勇気がいり、尻込みしていました。

　ユッくんはというと、クラスで〈もりのかくれんぼう〉話が盛り上がっているときも無関心。この日も友だちの会話は耳に入らず、それまでの探険の流れなど、知るよしもありません。尻込みしている友だちを気にもせず、一人でスタスタと神社の中に入ってしまいました。このこわいもの知らずの勇気（？）に、クラスの友だちも「すごーい」と感嘆の声。ユッくんに続いて入って行ったのでした。神社のまわりでは、「こっちにあるかな？」「裏かも！」と探しまわっている子どもたち。でもユッくんは、葉っぱを拾って散策し、自分だけの世界に入っています。

　とうとうみんなが、〈もりのかくれんぼう〉の絵を発見して「あったー！」と大歓声をあげると、さすがに「何ごと？」と思ったようです。離れたところにいたユッくんは、はじめてふり返り、驚いた顔でみんなを見たのでした。それはほんのちょっとの間でしたが、ユッくんが友だちの探険あそびに心を寄せた瞬間、だったのです。

5歳児クラスへ進級──ユッくんがいるからこそこのクラスがある

　こうして保育園生活を1年間ひと通り経験したユッくんは、クラスの友だちといっしょに年長組へ進級しました。保育園最後の1年です。4歳児クラスでは別行動が多かったけれど、この1年間はクラスの一員としていっしょに楽しんで過ごしてほしい。人とのかかわりが持ちにくいユッくんだからこそ、保育を考えるときは「ユッくんにとってどうなのか」をいつも考えていきたい。そして、「ユッくんがいるからこそ、このクラスがあるんだ」というクラスづくりをしていきたい。卒園したあとも、「障がいのある子がいた」という思い出ではなく、「ユッくんという友だちがいた」というように、クラスの仲間の一人として思い出してほしい。それがわたしたちの思いでした。

保育士の胸のうち

アチャこうもり誕生

　ある日、公園へ出かけたときのこと。ユッくんがうれしそうに植え込みの中を歩きはじめました。耳をすませて聞いてみると、タンポポを見つけて「はな！」「ひらひら」と言ったり、植え込みの小道を「トトロ」「こわい！」と言いながら進んで行ったりしていて、ユッくんなりに探険あそびをしているようなのです。

　ゴミ置き場の小屋を見つけると「トントントン、おばけ、でてきてー」と呼びはじめ、これを見た友だちが、すかさず小屋の裏にまわって「トントン」とたたき返してくれました。その物音に"なんだろう？"と耳をすませているユッくん。「何かいるの？」と聞いてみると、「きょうりゅうおばけ！」とこたえ、「あけて、あけて！」とドアを揺すっています。ドアがあかないとわかると、今度は木の枝をドアのネジ釘のところにさして、鍵をあけるような仕草をしています。

　次にポンプ小屋を見つけると、「こうもりー」と呼びかけはじめました。これはおもしろいと、わたしも「こうもりー」といっしょに呼びかけ、はりきりすぎて頭をドアにガーン！痛くって、思わず「アチャー……」と悲鳴をあげました。するとユッくんは、痛がっているわたしには気づく様子はなかったものの、今度は「アチャー！」とドアに向かって呼びかけはじめ、そばにいた友だちもわたしも、なんだかわからないながらもおもしろくて、「アチャー！」と呼びかけ……とそんなあそびを楽しんだのです。

　この散歩中の探険あそび、ユッくんはどう思っているんだろう、覚えているのかな？そんなことが知りたくて、その日の昼寝明け、ユッくんに聞いてみることにしました。

保育士の胸のうち

| 1章　毎日の暮らしの中でちょっとずつつながる | 2章　揺れてぶつかってつながる |

　机に向かって黙々とお絵描きしていたユッくんに、「アチャってどんなの？」と聞いても返事がありません。半ば一方的に「こんなのかなあ？」と、ユッくんの横でわたしもお絵描き。"きょうりゅうおばけって言ってたよなあ……"と思い出し、恐竜をおばけっぽく適当に描くと、絵には断然興味を示した様子。"それは違う！"とばかりに、「こうもり！」と言いました。

『トチノキのひっこし』
「こどものとも年中向き」
2004年10月号
中西恵子 作
福音館書店

　「えっ？　こうもりって、このこと？」。ユッくんが、こうもりをどんなふうに見ているのか半信半疑だったわたしは、4歳児クラスのときに読んだ『トチノキのひっこし』の絵本を探しました。
　この絵本は、トチノキが、こうもり山のこうもりのくさーいオシッコをかけられて歩きだす、というストーリーです。読んだときから「木」関連で〈もりのかくれんぼう〉や〈ガガゴギ〉と結びつくようで、「やまこぞう（絵本に出てくる）も木の精かなあ？」「もりのかくれんぼうといとこかも」とクラスの友だちが言い合っていました。
　よく見ると、この絵本のこうもりはとても小さくてわかりにくく、ユッくんは何も言いませんでした。それならわたしが描くしかないか……と、紙に大きめのこうもりを描きはじめたところ、形を描いたとたん横からユッくんが、持っていた鉛筆でササッと口とキバと足を描き入れ、「アチャー」と言ったのです。
　どうやらユッくんの中では、〈アチャ＝こうもり〉というイメージらしい。さらにユッくんは、その紙に恐竜らしい絵やキノコみたいな絵を描いていき、「これは何？」と聞かれると、「きょうりゅうおばけ！」「きのこおばけ」「きたきたおばけ」「くらげおばけ」と、それらしい名前を教えてくれるのです。そして最後に、さきほどの合作絵とそっくり同じこうもりの絵を描いて、「アチャ！」と言ったのには感動してしまいました。

ユッくん作〈アチャこうもり〉

ユッくんは、探険したことを覚えていただけでなく、自分なりのイメージを持って遊んでいたんだなあと、うれしかったのです。クラスの友だちも、ユッくんの絵を見ながら、「うまいねー」と感心しきり。"これは、探険あそびがおもしろくなりそう！"と、さっそく絵を拡大コピーして、壁に貼り出しました。

　貼り出した絵を見て、ユッくんは"あれ？"という顔をしましたが、その後は興味ない様子。でも、クラスの子どもたちには印象が強かったようで、「アチャこうもりは、こうもり山のこうもりなんだよね」「こうもりのリーダーだよ」「空の星見てたら、アチャこうもりがいたんだよ」と、『トチノキのひっこし』と結びつけた話が出ていました。〈アチャこうもり〉のことがもっと知りたい友だちでしたが、ユッくんに聞いても何もこたえてくれず、それがまた秘密めいていていいのでした。

ユッくんもイメージを共有して探険あそび（5月）

　5月の春の遠足では、ユッくんがイメージをしっかり持っている〈アチャこうもり〉で探険あそびをしようと考えました。"どんな探険がいいかな？"、そう思いながら、クラスの子どもたちに『トチノキのひっこし』の絵本を読み、「もしかして、遠足行ったらアチャこうもりがいるかも」と投げかけました。俄然興味を持った子どもたちは、「アチャこうもりは、森の中にいるんだよ」「ご馳走持っていってあげたら、食べるんじゃないの」「もりのかくれんぼうに、アチャこうもりはどこですかって聞いたら？」と、探険する気満々です。

　さらに「そうだ！　手紙を書こうよ」という声もあがり、みんなで手紙書きもはじまりました。手紙の中には、「ガガゴギ、こないで」ということばもあり、どうやら〈ガガゴギ〉も、無視できない存在のよう。話は〈ガガゴギ〉のことになり、「ガガゴギにアチャこうもりのオシッコがかかったら、歩けちゃうよ！」「ガガゴギ、アチャこうもりのオシッコ狙っているかも……」「ガガゴギにオシッコがかかると大変だ！」「ガガゴギにオシッコ渡しちゃダメだということだ！」などなど。うーん、これで決まった！　〈ガガゴギ〉も、〈アチャこうもり〉といっしょに登場させよう！

　その後、わたしたち担任はどんな探険にするのかの相談です。「アチャこうもりっていうと、くさーいオシッコだよねえ」「でも、まさかオシッコを入れておくわけにいかないし、くさい液体もちょっとねえ……」「じゃあ、オシッコの残骸ってどう？　ツボに、においだけ残っているの。開けたらキョーレツなにおいがして、中身はない……」「そのオシッコ、ガガゴギが持っていっちゃったのね。ガガゴギは前から、アチャこうもりのオシッコを狙っていた……」。

1章　毎日の暮らしの中でちょっとずつつながる　　2章　揺れてぶつかってつながる

保育士の
胸のうち　　探険のあらましは決まったけれど、果たしてユッくんは探険あそびに入ってきてくれるだろうか。心配はよぎりますが、「んー、とにかく〈アチャこうもり〉の手紙がある場所は、ユッくんが知っているっていうことにして、ユッくんのうしろをみんなでついていこう」「迷子になったフリして、ユッくんに道案内をさせよう」、そして手紙は、行く先々臨機応変に落として発見、という計画にしたのです。

　遠足の日です。クラスの友だちは、〈アチャこうもり〉への手紙を持って探険する気満々なのに、ユッくんにはそのつもりはまったくありません。一人で好きなところへ行く気でいたので、「今日は、みんなといっしょだよ」と声をかけました。とたんに「えーっ、みんなといっしょ（いやだ）！」と怒りだすユッくん。地団駄踏んで怒っていましたが、友だちが大きな木に〈アチャこうもり〉への手紙をくくりつけだすと、興味を持った様子。みんなといっしょに「アチャこうもりさん、手紙を見てください」と、手を合わせています。思いのほか、ノリノリのユッくんです。

　「どっち探せばいいのかなあ」と迷う子どもたちに、「アチャこうもりのことはユッくんが知っていそうだから、ユッくんに聞いてみたら？」とさり気なく言うと、「ユッくん、アチャこうもりどこにいるか知ってるんでしょう」と、駆け寄って聞く子どもたち。ユッくんも、うれしそうに「ハイ！」とこたえると、友だちと手をつないで走り出しました。そのあとをクラスのみんなが追いかける……。

　そんな探険をして、〈アチャこうもり〉からの手紙を3枚発見しました。ユッくんは1、2枚目は関心なさそうだったのに、3枚目は地図つきだったからか「あたしの！」と友だちから取り上げて、持って走り出すくらい気に入ったようです。そして最後は、〈ガガゴギ〉からの手紙とくさいツボを発見！　友だちが「くせーっ！」とにおいをかいでいる姿を見て「えっ？」という顔を

140

し、ちょっとだけかぎに来たのでした。

　お弁当のあとのあそびの時間。みんなは木登りをしに行ってしまい、ユッくんは一人で木々の中へ……。楽しそうに歩きまわり、ひとりごとをつぶやいているので、聞き耳を立ててみました。すると、大きな木を見上げて「アチャこうもり、ない」と、たしかに言っています。それから、持ち歩いていた〈アチャこうもり〉からの手紙を見て、「ここか」「ちず！」とゴショゴショつぶやき、低木の茂みを「キノコのもりだ」と入ろうとします。そして、土の上に地図らしきものを描きはじめました。しばらくすると、「いない！」と友だちがいないのに気づいて探しはじめ、友だちを呼ぼうと思ったのか「オーイ、みんなー」「だいじ（大丈夫）よー」と呼びかけました。ユッくんがみんなと探検あそびを共有できるかどうかを心配していたのがウソのよう！　ユッくんなりに〈アチャこうもり〉の世界を楽しんでいて、友だちと共有したい思いも持っていたのです。帰り道も〈アチャこうもり〉の手紙を離さず持ち歩き、次の日も朝から持ち歩くユッくんなのでした。

かぼちゃもん探険（10月）

　10月には秋の遠足があります。今度は、どんな探険あそびを楽しもうかな？　そう考えたときに思いついたのは、〈かぼちゃもん〉です。

　〈かぼちゃもん〉の話は、じつはこのクラスが2歳児クラスのころまでさかのぼります。そのころわたしは担任ではありませんでしたが、たまたま夕方いっしょに過ごすことがありました。そのときダイちゃんが、「かぼちゃもんがいた」と言いだして、"これはおもしろい"と、絵に描いてあげたのです。

　この〈かぼちゃもん〉の絵が、その後ずっとダイちゃんの連絡帳に貼ってあって、4歳児クラスで担任になった際に思いがけず見つけました。久しぶりの〈かぼちゃもん〉との再会（？）にうれしくなったわたしは、さっそく大きく〈かぼちゃもん〉の絵を描いて、壁に貼り出すことにしました。〈かぼちゃもん〉は、「山に住んでいる」「空を飛ぶ」「保育園の窓をのぞきに来る」「卵をもっている」「フランス語を話す」という特徴を持っていたのですが、さらに子どもたちからは、「保育園の砂場から、顔出していたのを見た」「おなかすいている人がいたら、顔をお食べって言うんじゃないの？」なんていう話まで出てきていました。

　その4歳児クラスの夏には、こんな事件（？）も起こりました。食事中のことです。ちょうど隣のクラスに、カボチャをくり抜いて作った手づくりのハロウィンカボチャがあったので、ちょっと借りて見ていたら、〈かぼちゃもん〉の話題になったのです。

　「保育園の窓に、かぼちゃもんいたの、見たよ」「夢みた。かぼちゃもん、鉄砲もってたよ」

1章　毎日の暮らしの中でちょっとずつつながる　　　2章　揺れてぶつかってつながる

「かぼちゃもんって、肉食かなあ？」と、〈かぼちゃもん〉の話で盛り上がっていたので、わたしはハロウィンカボチャを隣の部屋へ返しに行ってきました。

ところが、子どもたちは話に夢中で、わたしのことなど見ていなかったようです。突然「あれっ、カボチャは？」「ない！」と騒ぎだし、「あっ、あっちの部屋（隣のクラス）に戻っている！」「だれが戻したんだろう？」と真剣な顔。ダンマリを決め込むわたしを横に、「なにか変！（ガラスに映っている）電気の影が、曲がっているよ！」「もしかしたら、あのカボチャに足が出てきて、歩いていったんじゃないの？」「こわーい」と顔を見合わせていたのでした。

　この４歳児クラスのときの〈かぼちゃもん〉事件は、子どもたちの印象に残っていたようで、５歳児クラスになってからも時々話が出ていました。５月の春の遠足のときも、「アチャこうもりから、また手紙がくるかも」「かぼちゃもん、だったりして」と、〈かぼちゃもん〉の話も出ていたのです。

保育士の胸のうち♥　うーん、〈アチャこうもり〉は春の遠足でユッくんも楽しんだけれど、帰ってきたあとはそれほど反応がなかったなぁ。クラスの友だちは〈アチャこうもり〉の貼り紙の前で探険あそび話をしているけれど、ユッくんはそこへは加わらないし、ユッくんがグンと興味を示すものってなんだろう？　ちょうど行く予定の夢の島公園では、ハロウィン祭りのビックカボチャが置いてあるとのこと。なんといってもユッくんはかわいいものが大好きです。それなら今回は、かわいいキャラの〈かぼちゃもん〉を登場させちゃおう、という話になりました。

　プレゼントは〈かぼちゃもん〉のかわいい頭。手紙も３枚用意して、最後に発見するとい

142

う計画にしました。

　遠足の日です。林の中を探険していたら、次々に〈かぼちゃもん〉の手紙を発見。それからは、手紙をもとに、〈かぼちゃもん〉のプレゼント探しになりました。最後のプレゼントは、手伝いに入った保育士が隠してくれたのですが、それが草むらの中でなかなか見つかりません。

　そして、見つけたのはなんと、ユッくん！　なかなか発見してくれなくて、しびれを切らした保育士が半ば誘導しての発見でしたが、ユッくんはこのかわいい〈かぼちゃもん〉の頭が気に入ったようです。「みんなにも見せてあげて」と言われて、「みんなー」と見せに行きました。けれども手渡すのはいやで、うながされて渋々渡すものの、すぐに取り戻してしまいます。クラスの友だちも、ユッくんがほしいなら……と、がまんしてくれています。

　その日は〈かぼちゃもん〉の手紙と〈かぼちゃもん〉の頭を両手に持ち、大満足のユッくんでした。困ったのは帰り道です。手をつなぎたいけれど、両手がふさがっていて手をつなげず、でも預けるのはいや。パニックになりそうでしたが、一つの手で手紙と頭を合わせてつかめばいいとユッくんが自分で思いつき、保育園まで持ち帰ったのでした。

　ユッくんの〈かぼちゃもん〉へのこだわりは、まだまだ続きます。ユッくんは、家へ持って帰るつもりだったらしく、お迎えのとき、〈かぼちゃもん〉の頭を手放すのをいやがりました。**でも、このプレゼントはクラスで探険あそびをして見つけたものなのでクラスのみんなもさわりたいし、お迎えに来るお母さんやお父さんにも見せてあげたいのです。ましてや、遠足の間はずっとユッくんの思いを通し、がまんしていた友だちなので、ユッくんには持ち帰るのをあきらめてもらうことにしました。**「かぼちゃもーん！」と泣きながら帰るユッくん。家に帰っても、何回も思い出し泣きし、次の朝は起きたとたん「かぼちゃもーん！」だったそうです。

（保育士の胸のうち♥）

まだまだアチャこうもり（11月）

　一方、クラスの友だちの中では、〈アチャこうもり〉への思いが続いていました。

　ある日の朝のことです。ケイくんが、「ボクの引き出しに、こんなのが入っていた」と、一枚の手紙を持ってきました。そこには、迷路と、きれいに切り抜いた〈アチャこうもり〉の絵が貼りつけてあります。

　すかさずレンくんが、「あっ、それ、ケイくんが作ってた！」。朝からケイくんが机に向かって製作していたので、バレバレだったのですが、〈アチャこうもり〉への思いが伝わるような絵です。「えー、でもボク、引き出しには入れてないもん」とケイくんが否定すると、

みんなはなぜか本当に〈アチャこうもり〉がしかけたような気がしてくるらしい。
「もしかしたら、あとで、そこに字が出てくるかもよ」「燃やせば（あぶり出しすれば、という意味らしい）出てくるんじゃない？」「あっ、この前、公園で見たの、こうもりだった！でもそのあといなくなった」「きのう、ウスッ！　って声聞いた」などなど。〈アチャこうもり〉への期待は大きいようです。
そこで、次の散歩遠足では、〈アチャこうもり〉探険あそびの続編をすることにしました。部屋の棚には、春の遠足で見つけた〈アチャこうもり〉のオシッコのツボが、まだ置いてあります。今回は、「ツボを返してほしい」という〈アチャこうもり〉の願いをかなえるために探険へ出かける、という計画にしました。
散歩遠足の日です。ユッくんは探険へ行くことをよくわかっていて、荷物を置くとすぐに「おーい、みんなー」と、友だちを追いかけます。木の棒を見つけると手に持ち、「きょうりゅう！」「きょう、ガガゴギだー」と、〈ガガゴギ〉(!?)をやっつけるまね。そして大きな葉っぱを見つけると、顔にあてて「ガガガー、オレさまはおばけだー」と脅かしに来ます。
そんなふうに探険を楽しんでいたら、友だちが〈アチャこうもり〉の手紙を発見したものだから、びっくりしたようです。
「アチャこうもりの手紙だよ。どうしよう」と声をかけられると、春の遠足のときのように両手を合わせてお祈りポーズのユッくん。「ムニャムニャ……」とつぶやいています。そして２枚目の手紙を発見したときには、そばの葉っぱを手にとり、「アチャこうもりの手紙！」と言っていました。字だらけの〈アチャこうもり〉の手紙は、持ち歩きたいほどの魅力はないけれど、探険のイメージはわかっているようです。こうしてツボは無事返すことができ、最後は〈アチャこうもり〉から、お礼の手紙が届いたのでした。

ユッくん先頭に探険隊！（12月）

その後クラスで散歩へ行くと、一人で探険を楽しむユッくんの姿がありました。そんな12月のある日のことです。
池のまわりを探険しだしたユッくん。「どこいくの？」と友だちに聞かれて、「せかいに、いくの」「わたしたちの！」とこたえています。おもしろがってついて来るケイくんに、「たんけん！」「たからもの、あった！」と木の実や小石を拾って見せ、今日は友だちと遊びたい気分のようです。
だいたいの友だちは忍者ごっこをしていたのですが、そちらは見向きもせず、「ドラゴン！」「お城！」と、ユッくんのイメージは違います。そして、「おいで、ケイくん」と手を

ひっぱって行き、大好きなユズルくんを見かけると、「ユズルくーん」と声をかけています。ユズルくんもおもしろがってついてきてくれて、ユッくん先頭に探険隊の列。ユッくんが「ウルトラサウルス！　ほね」と言えば、ケイくんたちが「じゃあ、化石か！」「隕石かも！」とこたえ、そんな様子をふり返って満足そうにながめるユッくんなのでした。
　そのうちなぜか、ケイくんのことを「でんきちゃん！」、ユズルくんのことを「トットちゃん！」と呼びはじめ、「ユッくんは何なの？」と聞いてみると、ちょっと考えて「ねずみちゃん！」とこたえました。それは、"ごっこあそびでの名前を決めた"というふうだったのです。ケイくんたちは、「ねずみちゃんだってー」と、おかしそう。みんなにとっても、ユッくんの発想はおもしろいのでしょう。ユッくん主導のこのあそび、"いつ終わるのかな？"と見ていたのですが、なんと１時間近く続いてびっくり！
　「保育園に帰るよー」の呼びかけには、いつもより素直に応じ、「ねずみちゃんごっこはおしまいなの？」と聞いてみると、「帰るから」のひと言が返ってきました。いつもは「いやだいやだ！」と怒ることが多いのに、友だちと満足いくまで遊べたからか、気持ちの切り替えも早いのでした。

遊んだことを丸ごと劇に（２月）

<small>保育士の胸のうち♥</small>　いよいよ３月の卒園式の時期が近づいてきました。卒園式のあとは、各クラスの発表会もあります。４歳児クラスのときは参加しなかったユッくん。<u>最後の卒園式は、ユッくんにもみんなといっしょに参加してほしい。そういう思いがわたしたちには強くありました。</u>
　探険あそびはユッくんもずっと楽しんできたので、イメージも持っているでしょう。さっそく子どもたちに、劇づくりを提案してみました。４歳児クラスの発表会のときも、劇あそびを楽しんだ子どもたちは、「やりたい！」と意欲的です。それじゃあ、みんなでお話作りをしよう、と５回にわたって話し合いが続けられました。
　子どもたちの中から次々アイディアが飛び出してきます。
　「探険隊が、宝物を探しに行く」「強い人が、もっと強くなるために修行する」「５、６人で探険して、手紙を見つけて、アチャこうもりのツボにたどり着く。ツボを開けると、大判小判がザックザク」「かぼちゃもんの手紙を森で見つけて、10個合わせるとことばになる」「動物の国にひとりの女の子が来て、いっしょに暮らす」「いいワニがいて、悪い泥棒を食べてしまう」「海賊に会う。海賊が、伝説のダイヤモンドを狙ってる」「悪者ガガゴギに、伝説のダイヤモンドの光を当てて、やっつける」などなど、こちらが書きとめきれないくらい出てきましたが、最終的には、〈ガガゴギにとられたアチャこうもりのツボを、探険隊が取り

| 1章　毎日の暮らしの中でちょっとずつつながる | 2章　揺れてぶつかってつながる |

戻しに行って、そのあとを海賊が追う〉というストーリーの大枠が決まりました。

　次の話し合いは、ストーリーの詳細についてです。〈アチャこうもり〉のツボは、まさかオシッコのツボにするわけにはいかないので、みんなで考え、「宝物なんだから『金のツボ』にしよう」ということになりました。

コママンガでユッくん、俄然興味がわく

保育の目のつけどころ　みんなの意見を織りまぜた複雑なストーリーになってしまったので、わかりやすくするためコママンガに描いていくことにしました。

　この絵を貼り出したとたん、俄然興味を示したのはユッくんです。話し合いの間は、まったく関係ないかのようにみんなの輪から離れて絵を描いていたのに、突然、身を乗り出すように前へ出てきたのです。そして、食い入るように見ていたかと思うと、紙とペンを持ってきて、ササッと描き、その紙をコママンガの横と下に貼りつけました。見ると、マンガのコマのような四角が並び、人や文字のような点々が……。劇の内容に、はじめてユッくんが興味を持ってくれたのです。一生懸命に描いて貼りつけているユッくんに、クラスのみんなからも「うふふ……」と、ほほ笑みがこぼれました。

じつは、わたしたちが一番気にかけていたのは、ユッくんをどう出演させるのか、ということでした。そこで、劇の絵を見ているユッくんに、「ユッくんは、何がいい？」と聞いたところ、はっきりと「かぼちゃもん！」とこたえたのです。それは、何回聞いても同じこたえでした。秋の遠足では大泣きするほど思い入れがあった〈かぼちゃもん〉。劇では本当にやってくれるのかどうか、まだわかりませんが、とりあえず"ユッくんは、かぼちゃもん"と考えて、ストーリーに加えてみようと思いました。

　そして、ユッくんにはやはり、劇のキーマン（鍵）のような役割をさせてあげたい。そこで考えたのが、海賊にだまされた探険隊を助け、ガガゴギの場所まで案内してくれる、謎の人物、〈かぼちゃもん〉です。これをクラスのみんなに提案してみると、「いいよー」とすんなり了承。そういえば遠足でみんなが迷ったときに、ユッくんが道案内してくれたなあ。その状況と同じだからか、違和感はなかったようです。

ユッくんと掛け合いの合唱

　ユッくんは、はじめのころの練習では、〈ガガゴギ〉や〈おばけ〉など、目立つ小道具に興味津々で、やりたい役が出てくるときなどに、ちょこちょこ参加していました。だんだん慣れてくるとそうした物に興味を示さなくなりましたが、〈かぼちゃもん〉役だけは、自分がやると思っているようです。「かぼちゃもん、するよ」と声をかけられると、あそびをやめて練習へ来ていました。

　かぼちゃもんのセリフは、「きみはだれ？」と聞かれて「かぼちゃもんだよ」と自己紹介するというものです。はじめは聞かれると、「ユッくんだよ」とこたえていましたが、だんだん役になるということがわかってきて、「かぼちゃもんだよ」と言えるようになりました。ユッくんのセリフはもう一つありました。「ガガゴギは、どっちにいるの？」と聞かれると、「あっち！」とこたえて探険隊を道案内するのです。

　この場面で、「『ひとやまこえて』のわらべうたを歌ったら？　ユッくん、このうたが好きだし、クラスの友だちと掛け合いうたになるよ」ともう一人の担任。なるほどーです。『ひとやまこえて』は、ちょうどテレビで放映されていて、ユッくんがよく口ずさんでいました。うたは掛け合いになっていて、友だちが問いかけ、ユッくんがそれにこたえる、という歌い方を、クラスでいつの間にか楽しむようになっていました。

　おやつのときのことです。食事が終わると、すぐに席を立とうとするユッくん。「もう少し待っててね」と声をかけました。とたんに「いやだ！」と怒りだし、イスをバタンバタン動かして大泣きです。もう一度「もう少し待っててね」と話すと「ごめんなさいー」と言い

つつ、怒りはおさまりきれません。
　そんな様子を心配そうに見ていたクラスの友だちが、ユッくんに言い聞かせるように「待っててねー。待っててねー」と、リズムをとるように歌いかけ、それは全員の合唱になりました。これを聞いて笑いだしたユッくん。笑っているユッくんを見て、みんなもはじけるように笑い、またそんな友だちを見てユッくんも笑います。
　すると今度は、劇で歌う『ひとやまこえて』のうたがはじまり、ユッくんとクラスの友だちとの掛け合い合唱になったのでした。

　♪友だち　「ひとやまこえて　ふたやまこえて　みやまのたぬきさん　たんたんたぬきさん
　　　　　　　あそぼじゃないか」
　　ユッくん「いまは　ごはんの　まっさいちゅう」
　　友だち　「おかずは　なあに」
　　ユッくん「うめぼし　こーこ」
　　友だち　「ひときれ　ちょうだい」
　　ユッくん「いやいや　しんぼ」

　ユッくんに、クラスのみんなが問いかけるこのうたは、ユッくんを取り巻くクラスの仲間関係をあらわしているかのようでした。最後の「いやいや」と断るときの、ユッくんのうれしそうなこと！　一回うたがはじまると、ユッくんが返してくれる間はエンドレスでうたが続き、ユッくんが歌うのをやめると、うたは終了になるのでした。

みんなも〈声なし〉ガッツポーズ！

保育士の胸のうち♡　いよいよ卒園式本番の日です。ユッくんが卒園式にどう参加してくれるのか、心配なわたしたち。卒園証書をもらったあとは、一人ひとりが「大きくなったら、○○になりたいです」と言います。ユッくんは練習中、友だちのまねをして「大きくなったら、しょうぼうー（消防士？）」「サッカー」と言うことはありましたが、ときには友だちのウケをねらって、わざと歌ったり四つんばいしたり、ということもありました。それが、本番では「大きくなったら、野球選手になります！」と、じつに立派に発表したのです。クラスの友だちも、「えっ！　ユッくんが言えた」と、驚きの表情。お互いに顔を合わせ、声にならない喜びのガッツポーズ。ユッくんも、そんなみんなの驚きがわかったようです。「どう？　ちゃんと言えたでしょう」とでも言いたげな得意そうな顔で、観客や友だちの顔をチラチラ見ていま

す。あんなに、たくさんの人の前が苦手だったユッくん。それが今は、みんなに観られることを楽しんでいるのです。

そして式のあとの劇発表も、ユッくんはたくさんの観客を意識しながら、〈かぼちゃもん〉役を一人でやりきり、フィナーレのときも友だちと手をつないでうれしそうに退場です。今までの心配はウソのような一日だったのです。

最後の日

保育園で過ごす最後の日がきました。

この日はめずらしく、朝から大泣きのユッくん。家のおもちゃを持っていきたかったそうで、「ママのカード！」「保育園行かない！」と怒っています。「本当に保育園はおしまいだよ。今日で終わり」と話すと、「え？」という顔をしています。お別れ、ということがよくわからないようです。

ホールで、みんなの希望のバイクおじさんゲーム（下イラスト参照）をしていると、仲間に入ってきました。バイクの姿勢をとって友だちを少し追いかけ、次は立ち上がって、マユちゃんを追いかけます。抱きついてホッペをギューとして、また抱きついて……と、すごいスキンシップ。しばらくマユちゃんとくっついて、ふざけっこしていました。

こんなにいい関係なのに、明日は別々の生活なのかと思うと、寂しさが心をよぎります。

次の大根抜きゲームは、ユッくんにとって参加するのははじめてだったかもしれません。それが、友だちと手を離すまいと、とてもいい顔！ひっぱり役になると、今度は保育士の靴下を脱が

せるのに夢中になっています。こんなに楽しんでいるのだったら、前からもっと遊べばよかったなあ……と、また心残りの気持ちがよぎります。

お別れ会の時間になりました。早々とイスにかしこまって座り、「おーい、みんなー。はじまるよー。ウルトラマンのビデオだよー」と呼びかけています。「お別れ会でしょう」と言われると、今度は「おまかれないだよー」と呼ぶユッくん。ホールで何か楽しいことがあると思っている様子です。

お別れ会では、友だちが泣いているのを見て「泣いてるよ」とひと言。そして、異動する保育士が涙をこぼしていると、びっくりした顔で涙をさわって、あわててズボンでぬぐっていました。

お母さんのお迎えの時間になりました。なんとなく、もう終わり、とわかるのか、「せんせーい！」と抱きついてきて、わたしが「もう、保育園おしまいだね」と涙ぐむと、ニヤニヤ笑いで顔をそむけつつ「はい」と返事するユッくん。そして、友だちや職員みんなに見送られながら、とてもいい笑顔でバイバイして帰っていったのでした。

ユッくんがおもしろがっていることはおもしろい

保育園に入ってきたときは、まわりの人とかかわろうとせず、みんなといっしょのあそびなど、関心がないように見えたユッくんでした。2年の間に少しずつ減っていったとはいえ、思い通りにいかないことがあると、ユッくんはたびたびパニックになり、そのときの対応は担任ではないと無理でした。それでも保育士は、ユッくんのおもしろい発想をみんなの中に広げようと、ユッくんのつぶやきや絵などを意識的にみんなの中に投げかけるようにしていきました。ユッくんっておもしろい、ということに気づいた子どもたちは、ユッくんに関心を寄せはじめました。そして、ユッくんと楽しくつながれる方法を、自分たちなりに見つけだしていったのです。

5歳児クラスの12月ごろ、散歩先で一人で探険するユッくんのあとを友だちがついて歩く、というあそびが1時間近くも続いた様子を書きましたが（144〜145頁）、改めてふり返ると、日々の生活の中でも同じような場面がたくさんありました。お昼寝前、ユッくんに一方的に押され、わざとおおげさに「ドヒャー」と倒れたユズルくん。ユッくんは大笑いです。するとユズルくんは、ユッくんが満足するまで「ドヒャー、ドヒャー」とくり返し変なポーズをとってくれたのです。ユッくんはこのユズルくんとのふざけっこが楽しかったらしく、朝登園すると「ユズルくーん」と探しまわり、いないとわかるとテラスで待つほどになりました。「ユズルくん好き！」と言われ、照れくさいようなうれしいようなユズルくんで

した。
　にぎやかな音が苦手なユッくんは、保育室が騒がしくなると、耳をふさいで事務所に行ってしまうことがありました。だから、大勢で盛り上がっているあそびにユッくんを誘う、ということはなかなかむずかしかったのです。でも、ユッくんがおもしろがっていることに、ユッくんのペースで寄り添うと、ユッくんといっしょに楽しく遊ぶことができる。このことを発見したのは子どもたち自身でした。
　ここでは探険あそびの場面を中心にエピソードをまとめましたが、実際には、こうした日々のたくさんの小さなあそびも積み重なって、みんなで過ごすことが、ユッくんにとっても友だちにとってもいい、〈ユッくんがいるからこのクラスがある〉とみんなが感じられるようなクラスになれたのかなあと思えるのです。

自分たちでつくる、自分たちだけの物語

　それから、ユッくんといっしょに探険あそびを楽しめたことは、わたしにとってもいい経験でした。一つのイメージにこだわることなく、その時々をおもしろがっていいのだとわかったのです。この2年間は、一つの空想物を継続的に遊ぶのではなく、その時々の子どもたちの反応を見て、ほとんど思いつきのような探険あそびを、同時進行のような形で楽しんできました。ユッくんのひと言からはじまったものから、絵本のお話の続きのものまで、その一つひとつはまったく違うお話でしたが、子どもたちは想像をふくらませ、話をつなげて、自分たちだけのオリジナルの物語をつくりあげました。そこには、決まったあらすじを遊ぶ以上のおもしろさがありました。
　一つひとつの集団が違うように、物語も多様でいいと思います。一人ひとりがいろいろなイメージを持ち寄り、クラスでたくさんの共通体験を重ね、いっしょに心を動かすことで、自分たちの力で新しい物語をつくっていくことができる。この過程こそが、探険あそびの醍醐味なのでしょう。
　といっても、仲間といっしょに心を動かし、いっしょに何かをつくっていく生活は、探険あそび単独では実現できないし、探険あそびが必須というわけでも、もちろんありません。体育的なあそびや製作活動、生き物とかかわる活動などを軸に保育をつくっていくこともあります。子どもたちと担任保育士とでつくりだしていく保育は、クラス集団のカラーや保育士の個性によっていろいろあっていいと思うのです。子どもたちに寄り添いながら子どもとつながり、子どもたち同士の大きなつながりができる〈このクラスらしい楽しい活動〉、それをこれからもつくっていきたいと思います。

| 1章　毎日の暮らしの中でちょっとずつつながる | 2章　揺れてぶつかってつながる |

15 保育の勘どころ　かけがえのない世界を仲間といっしょにつくる

保育の勘どころ⑮

　一人ひとりが、心地よく、みんなと自由につながってほしい。そのためにはどんな保育をしていったらいいのだろう。そんな思いからわたしたちは、〈つながる〉という視点で、自分たちの実践をふり返ってきました。そうやって見えてきた、〈今わたしたちが大事にしたいと思っていること〉を、この本の最後にまとめておきます。

　わたしたちは、どの子にも〈仲間たちが大好き〉という気持ちが育ってほしいと思っていますが、それは、だれとでも仲よくすればいいというわけでもなければ、〈親友〉がいてベッタリつながればいいという意味でもありません。仲間のそれぞれ違う魅力がわかって、その魅力が重なって生み出される対等な人間関係といえばいいでしょうか。そんな仲間の存在を感じられるようにしたいのです。

1　毎日の保育こそが命

　子どもたちにとって、保育園にいる時間は、子どもが起きている時間の半分に相当します。もっと長い子さえいます。保育は子どもの生活そのものを担っているのです。子どもたちの中に、自由で対等な人間関係を築いていけるかどうかは、そのクラスがどの子にとっても〈安心できる居心地のよいクラス〉になっているかどうかにかかっています。

　毎日おもしろいことを見つけて子どもも保育士も大笑いできる生活、この当たり前のことこそを大切にしたいのです。保育園でみんなとやったことの続きを親に語り、みんなと会うのを楽しみに登園できるようにしたいのです。

　こうしたことは、親が見に来る日だけを見栄えよくやればいいとか、決められた活動の時間だけきっちりやらせればいいということでは実現できません。子どもたちが仲間といっしょだからこそつくりだせるダイナミックな時間、少しほっとするすき間の時間、バタバタする

切り替えの時間、給食や昼寝など毎日くり返される時間、どれも大事にしたいと考えています。
　子どももおとなも、〈毎日の生活の中でちょっとずつつながる〉のです。

2　ありのままの自分でいいんだよ

　こんなふうに〈つながる〉にこだわっているわたしたちですが、〈つながる〉ことそのものを保育の目標として考えているかといったら、それはちょっと違います。わたしたちは、〈つながる〉ことを通して、一人ひとりの心を育てたいと思っているのです。乳幼児期の子どもたちに、怒ってもいい、泣いてもいい、すねてもいい、失敗してもいい、大笑いしてもいい、ありのままの自分でいいんだ、それでもみんなや先生は自分のことを好きなんだ、と体中で感じられるようになってほしいのです。自分の感じたことや考えたことを、安心して仲間に表現できるようになってほしいのです。個性あふれる一人ひとりがいるクラスだから、当然ぶつかり合いもあります。でもこのぶつかり合いは、今までは知らなかった新しいおもしろいことを発見するチャンスだと知ってほしいのです。
　子どもたちにこのことを知ってもらうためには、保育士自身もありのままの自分でいる必要があるでしょう。保育士だって怒ってもいいし、泣いてもいいし、落ち込んでもいいし、失敗しても、大笑いしてもいいのです。むしろ、保育士のそんな姿を見せる必要があるのかもしれないとさえ思います。そして、ありのままの自分をより成長させるために、みんなと考え合いたいのです。だから、保育士仲間からの意見に、「これがわたしのありのまま、わたしはこれ以上変われない」と開き直っては困ります。自分とは違う意見は、新しいおもしろいことに出会えるチャンス、自分を高めるチャンスなのですから。
　子どももおとなも、〈揺れてぶつかってつながる〉のです。

3　自分で自分の心を感じられる子どもに

　このように考えるのは、自分の心の動きを感じて自分自身を育てる子どもにしたい、思春期を迎えるころ、自分の気持ちを見つめて自分でどうすべきか考えられる子どもにしたい、そんな願

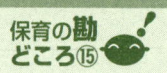

いがあるからです。子どもだって悩みや葛藤があります。こんなとき、子ども自身が、自分のことを大切に思い応援してくれる人の存在を感じつつ、最後には自力で越えていけるようになってほしいのです。「悩むと心のヒダが深くなるよ。生きていくうえでとても大事なことなのよ」と念じながら、見守り、支え、待てるおとなでありたいと思っています。

　今は、社会の問題が引き起こすさまざまな生きづらさが、おとなだけではなく、子どもたちにも影を落とす時代です。卒園児たちの平坦ではない現実を見聞きするたび、保育士としてあのような保育でよかったのか、もっとできることはなかったかと心が揺れます。保育園の数年間で解決できないこともありますが、子どもたちには、自分たちといっしょに揺れながら、悩む自分を見つめていてくれたおとなの存在を知ってもらいたいと願っています。

4　楽しく遊べば、子どもはつながる

　そうやって揺れる子どもにじっくり寄り添うことも大切ですが、なんといっても保育園の強みはあそび。あそびが楽しいとき、子どもたちは我を忘れて夢中になることができます。そしてその楽しさのためには多少のこだわりを捨ててしまうことができます。おもしろそうだなと思ったときには、その楽しさを広げるために創意工夫や思いつきを次々と生みだすのです。気心の知れたいつもそばにいるクラスの仲間といっしょだからこその楽しさなのです。

　あそびを楽しく展開するために、みんなをどうやって夢中にさせられるか、わたしたちはそこ

を重視しています。子どもたちのあそびは、すぐに全員に広がるわけではなく、なんとなく雰囲気で加わっている子どももいます。そうした〈なんとなく〉の子も夢中になるにはどうしたらいいのか、その子が関心を向けてくるまで待てばいいのか、あるいはその子の得意分野やアイディアを生かしてその子が主役になる機会を作ってみようかなどなど、作戦の練りどころです。一人ひとりの子どものつぶやきや目の輝きを見守りながら、クラスの文化や共通の経験も総動員して、担任同士あれこれ話し合います。保育士もワクワクする時間です。子どもたちの楽しみを保育士も楽しみたいのです。

子どももおとなも、〈笑いと楽しさでつながる〉のです。

5　心の動きを手がかりに、いっしょに心が動く保育をつくる

子どもの世界を大切にしつつ、どのタイミングで、どの程度おとなが仲間に入ればよいかは、マニュアルがあればできるというものではありません。そこに居合わせた保育士が、瞬時に判断するしかないのです。その手がかりは子どもの〈心の動き〉です。

ことばがない0歳児だって心を動かしています。目と目で通じ合えることもある、ことばや行為で表現しきれないときでも心は動いていると考えて、子どもの全身から、その心の動きをとらえようとしてきました。そのときはわからなくても、「こうではないか？」と仮説をたてて、何かメッセージを送ってみる。ニコッと笑ってもらえて「やはりそうだったのね」とわかることもあれば、「違うー!!」と大泣きされて困り果てることもあります。自分の仮説を頭に残しつつその子どもを見つめ続け、働きかけてみて何日もたってから「あらら違ったのね。こうだったのね！」とわかることもあります。

複数の子どもたちの中で広がっているあそびの楽しさは、給食やおやつのときのおしゃべりや、部屋の隅で数人で話していることから察知できることもあります。子どもたちは想像をふくらませ、希望を語り、以前の出来事とつなげて、保育士が考えおよばない独特な世界をつくっている可能性があります。

子どもたちの心の中をのぞくようにして見えてきた子どもたちの世界。そこから出発して保育をつくっていければしめたもの。

〈いっしょに心を動かしてつながる〉、そんな日々を積み重ねていく中で、子どもも保育士も、このクラスだけの世界をつくりだす、かけがえのない仲間になれるのです。T

おわりに

　この本の編著者4人の出会いは、28年前に発足した豊島区保育園保育研究会「乳幼児の興味ある遊びと実践グループ」にあります。田代が講師として参加し、安曇さんと出会いました。安曇さん、伊野さん、吉田さんは同じ保育園で『でた！かっぱおやじ』『でた！かっぱおやじの舞台裏』（ともにサンパティック・カフェ刊）の実践をした保育士仲間です。伊野さん、吉田さんは安曇さんを通して研究会の内容を学び、田代は安曇さんを通して3人がいた保育園の保育日誌の内容改善の取り組みを学んでいました。10数年前、3人がそれぞれ別の保育園に異動して、伊野さんと吉田さんもこのグループに加わりました。
　その後この研究会から独立し、ほかのメンバーとともに自主的な「あそび研究会」を作り、月に1回、保育が終わった6時半から区役所の地下1階の会議室に集まるようになりました。最近まで常時参加しているのは今回の本づくりの中心になった4人ですが、今回エピソードを収録した加藤朗子さんも含め、たくさんの仲間と歩んできました。〈自分の実践を書く〉ことを大切にしてきたので、クラスだよりや日誌、実践ノートを持ち寄りました。クラスでのおもしろいこと、楽しかったこと、苦労していることを語り合い、子どもたちが楽しんで生活できる保育をつくろうとしてきました。今回ここにまとめたエピソードは、すべてこの研究会で語り合ってきたものです。

　これまで書いてきたものを整理して本書の大枠が見えたとき、「だれを対象にした本になるんだろう？　こんな事例ならだれでもやっているだろうし、わたしなら買ってまでは読まないなぁ……」という爆弾発言がありました。こういう意見を堂々と言えるのが、この研究会の魅力です。事例には瞬時に判断して対応したシーンだけが書かれているけれど、じつはそのあとで「あれでよかったのか？」「もっと別の方法があったのでは？」と悩んであれこれ考えているのに、その悩む苦労の部分が見えていないというのです。これにこたえて、「だいたい、子どもが葛藤している場面なんて、保育士が見逃してしまえば楽チン。だけどちゃんと向き合おうとすると、とてもエネルギーがいるのよねぇ。それだけのエネルギーをかける意味もこのままでは見えないかもしれないなぁ」という意見も出ました。
　この爆弾発言を契機に、各エピソードは何を考えていたから生まれたのか、そこを明確にするコメント（保育の目のつけどころ・保育士の胸のうち）をつけることにしました。さらに、これまでの研究会でわたしたちが大切にしたいと確認しあってきた保育の考え方を整理して、コラム（保育の勘どころ）を設けることにしました。

そこで、それぞれにコメントやコラムの宿題が出されました。コメントは、各エピソードごとに一人ひとりの子どもと保育の状況を改めてていねいに説明してもらい、みんなで、ああでもない、こうでもないと意見を言い合い、文章の一言一句をみんなが納得するまで考えに考えてようやくできあがりました。調子が出るまでは遅々としていたのですが、やがて「あぁ、そういうわけだったのね」と発見の連続となり、コメントを考えるのはむしろ楽しい作業となりました。
　エピソードは最初からねらいがあってそうしたわけではないけれども、ときには卒園後のことまで思いを馳せて自分がその子どもに育てたいと願っているものが、その〈瞬時の対応〉に凝縮されていることを知ることになったのです。決してこの対応が正しいわけではないし、もっと別の対応の可能性もあるけれども、でも〈この子どもたち〉に〈今のわたし〉ができたことはこれなのだとわかったのです。みんなの意見で〈わたしの視点〉が発見できたのです。保育はひと通り、一色ではなく、それぞれの保育士の個性や人間性と子どもたちとでつくりだされていくものです。それだけに、保育士自身が成長していかないといけないのだと、改めて確認しました。

　編集の最終盤になってみんなで笑い合ったのは、宿題をなんとか仕上げてみんなに披露したときの反応についてです。即座に「素敵！」と言われることがなんと少なかったことか！　一瞬の沈黙、そして直後に、口々にまったく別のエピソードを「こういうことがあってね……」と語りだす……。「ここはちょっと……」などの指摘はないのですが、当の本人にはみんなの言いたいことがだんだんわかってきて、「要するにこの宿題は書き直しね。で、そういうことを書く必要があるのね」とうなだれることがなんと多かったことか！　というわけで、本書は４人が１人の編集者とともに作った正真正銘の共同作品です。
　ここに記述されたエピソードは、最近の事例もあれば10数年前の事例もあります。連絡帳やクラスだよりや園だよりによるものもありますし、新たに書いたものもあります。いろいろな場面でのいろいろな子どもたちのエピソードです。別々の個性を持ちながらも、子どもたち一人ひとりが安心して、ありのままの自分を発揮しながら成長できる、居心地のよい楽しいクラスや保育園になるようにという点で一致している保育士たちの記録です。うちのクラスではこんなことがあった、わたしだったら違うやり方をするかもなぁなどと、今受け持っている子どもたちのことを思い浮かべながら読んでいただけることを願っています。

本書に登場するたくさんの子どもたち、保護者の方々、そしてともに保育をしてきた職場のみなさん、実践を語り合いたくさんの発見をくださった歴代のあそび研究会のみなさん、ありがとうございました。みなさんに出会えたからこそ、気がつき、考え、ここにたどり着くことができました。そして、原稿の段階で読んでくださり貴重な意見をくださった大勢の先輩・同僚・友人のみなさま、あちらこちらに飛ぶ話にもめげずいっしょに考え面倒な作業をていねいにしてくださった編集者の松井玲子さん、そして辛口の意見で刺激してくださったひとなる書房のみなさま、長時間居続けすっかり顔なじみになった池袋の喫茶店のみなさま、ありがとうございました。

2014年5月　　　　　　　　　　　　　　　　　　　　　編著者を代表して　田代康子

● 初出一覧
本書には、今回書き下ろした実践のほか、以下に掲載された実践も一部編集のうえ、合わせて収録しています。
・田代康子「子どもの発達にとっての笑いの意味を考える」機関誌『窓』創刊号、東京保育問題研究会、1997年
・安曇幸子「大泥棒ゲランあらわれる!!――前編・後編」『現代と保育』43・44号、ひとなる書房、1998年
・安曇幸子「川柳にふっと顔をだす保育者の眼!!　なんちゃって」『季刊保育問題研究』175号、新読書社、1999年
・安曇幸子「笑いのある生活から」『季刊保育問題研究』177号、新読書社、1999年
・安曇幸子「絵本から広がったいちご組の世界」『ちいさいなかま』10月臨時増刊号、全国保育団体連絡会、1999年
・田代康子「子どもの感情に注目する保育実践」『保育情報』臨時増刊号314号、保育研究所編集／全国保育団体連絡会発行、2003年
・安曇幸子「悪戦苦闘の一年――5歳児クラスを受け持って」『保育情報』臨時増刊号314号、保育研究所編集／全国保育団体連絡会発行、2003年
・吉田裕子「我が二才児クラスの子ども自慢――保育日誌とともに」会報「保育問題研究」600号、東京保育問題研究会、2005年9月
・伊野緑「"なんでも種まき"三昧の日々――小さな命とともに育つもの」『現代と保育』61号、ひとなる書房、2005年
・吉田裕子「1歳児クラス保育日誌＊こぼればなし」『現代と保育』67号、ひとなる書房、2007年3月
・あそび研究会「今日もわっはっは子ども日和」『現代と保育』連載、68～75号、2007～2009年

● **編著者紹介**

- 安曇幸子　1962年埼玉県生まれ。東京都・豊島区立保育園勤務。保育士歴31年。あそび研究会会員。
  好きなものは、山登り・ぼーっとすること・アート展や企画展めぐり。

- 伊野　緑　1961年埼玉県生まれ。東京都・豊島区立保育園勤務。保育士歴33年。あそび研究会会員。
  好きなものは、飼育栽培・大工仕事・ペンキぬり。

- 吉田裕子　1964年青森県生まれ。東京都・豊島区立保育園勤務。保育士歴30年。あそび研究会会員。
  好きなものは、赤ちゃん・日舞・海外ドラマ。

- 田代康子　1947年東京都生まれ。東京教育大学大学院博士課程単位取得中退・教育心理学専攻。
  元昭和音楽大学教授。あそび研究会会員。
  好きなものは、海外児童文学・土いじり・子どもとふざけること。

〈おもな著書〉

- 安曇幸子・伊野緑・吉田裕子……三人の共著で『でた！かっぱおやじ』『でた！かっぱおやじの舞台裏』（ともにサンパティック・カフェ刊）
- 田代康子……単著に『もっかい読んで！──絵本をおもしろがる子どもの心理』（ひとなる書房）、共著に『育ちあう乳幼児心理学──21世紀に保育実践とともに歩む』（有斐閣）『あそびと発達心理学』（萌文社）など。

● **装幀**　山田道弘
● **カバーイラスト**　セキ・ウサコ
● **本文イラスト**　伊野　緑
● **組版**　リュウズ

保育実践力アップシリーズ2
子どもとつながる 子どもがつながる──保育の目のつけどころ・勘どころ

2014年6月30日　初版発行

編著者　安曇　幸子
　　　　伊野　　緑
　　　　吉田　裕子
　　　　田代　康子

発行者　名古屋 研一

発行所　㈱ひとなる書房
東京都文京区本郷2-17-13
広和レジデンス
電　話 03-3811-1372
ＦＡＸ 03-3811-1383
E-mail : hitonaru@alles.or.jp

Ⓒ2014　印刷・製本／中央精版印刷株式会社　＊落丁本、乱丁本はお取り替えいたします。

こんな実践をしてみたい！ 喜びと希望をつむぎあう保育のイメージが広がる新シリーズ刊行！

子どもとつくる 保育・年齢別シリーズ
B5判 各巻本体2200円
監修 加藤繁美・神田英雄

0歳児保育―心も体も気持ちいい
松本博雄＋第一そだち保育園 編著
●978-4-89464-167-9

1歳児保育―イッショ！ がたのしい
服部敬子 編著
●978-4-89464-201-0

2歳児保育―思いがふくらみ響きあう
富田昌平 編著
●978-4-89464-179-2

乳児巻完結！

以下続刊予定
3歳＊イッチョマエ！が誇らしい
4歳＊揺れる心をドラマにかえて
5歳＊本気と本気がつながって

●保育実践力アップシリーズ① 刊行スタート！
「気になる子」と言わない保育
赤木和重・岡村由紀子 編著
大事にしたい子ども観・保育理念に支えられた確かな手立てを伝える新しい指導書シリーズ。保育で誰もが直面する問題、あなたはどう対処しますか? 22の事例を元に考え方と手立てを示す! キーワードは「子ども目線」と「集団のよさを生かす」 ●978-4-89464-195-2 B5判・2色刷・本体1800円

●乳幼児期に育つ感動する心と考え・表現する力
遊びこそ豊かな学び
今井和子 編著
夢中になって遊ぶ中で、子どもたちはたくさんの学びを経験し、生涯にわたって学び続ける意欲や構え＝人間らしく生きる力の土台を育んでいる。I部 乳幼児期に育てたい力 なぜ遊びなのか II部 実践事例編【遊び実践場面DVD付】 ●978-4-89464-196-9 A5判・本体1900円

●発達する保育園 子ども編
子どもが心のかっとうを超えるとき
平松知子 著
キーワードは「本当の気持ち」と「子どもってすごい！」。仲間の中でかっとうしつつ自己表現する子どもたち、受けとめつつ切りかえす保育者……笑いと涙いっぱいの3年間の記録から「幼児期の自分づくりの道筋」が明らかになる！ ●978-4-89464-181-5 A5判・本体1600円

●発達する保育園 大人編
大人だってわかってもらえて安心したい
平松知子 著
親も保育者も、辛さも含め安心して自分をだせ、認め・学び合える関係の保育園でありたい。合い言葉は「人とのつながりを決してあきらめない」。「仲間っていいよ」「未来ってステキ」と子どもたちに胸を張って言いたいから。 ●978-4-89464-184-6 A5判・本体1600円

●若い保育者に贈る保育の宝箱
育ちあう風景
清水玲子 著
子どもたちの立場に立ちきること、親の気持ちに思いを馳せること、仲間を信頼し支えあうこと―大切にしたい保育の思いが、65編の心ぬくもる物語を通じて、胸にしみいるように伝わってきます。 ●978-4-89464-185-3 四六判・本体1700円

●いっぱいの感動と表現する喜び
「自然の教育」カリキュラム
けやの森学園幼稚舎保育園 著
乳幼児期の育ちに最もふさわしい教材―「自然」をどう保育に取り入れるか？ 各巻150点余の写真で「自然の教育」活動の計画と実践をまるごと公開。【年少編】触れる・感じる・気づく 978-4-89464-189-1 【年中編】ふしぎの心をふくらませる 978-4-89464-190-7 各B5判・オールカラー・本体2000円

●発達のドラマと実践の手だて
続・保育に悩んだときに読む本
神田英雄 著
好評『保育に悩んだときに読む本』の姉妹本。子どもの「できなさ」やまわりの「評価」のプレッシャーで園に行くのがつらくなったときに読んでほしい一冊。育ちの源である喜びや楽しさのあふれる保育をどうつくりだしていけるのか。 ●978-4-89464-187-7 A5判・本体1600円

●子どもの健康・病気と保護者へのサポート
健康な子ってどんな子？
和田浩 著
医学・社会の進歩で「常識」も変化！ いざというときのために、健康・病気の正しい理解を。親を追い詰めない子育て支援など保護者とのいい関係づくりのアドバイスも満載の一冊。『ちいさいなかま』好評連載が、待望の単行本に！ ●978-4-89464-197-6 A5判・本体1700円

●保育の場で
子どもの学びをアセスメントする
マーガレット・カー 著 大宮勇雄・鈴木佐喜子 訳
「学びの物語」を実践すると、子どもの「今」が浮かび上がり、保育が楽しく動き出す。カリキュラム「テ・ファリキ」に引き続いて生まれたこの新しいアセスメントの方法は、乳幼児の学びのとらえ方を大きく転換させる。待望の翻訳出来。 ●978-4-89464-193-8 A5判・本体3200円

●子どもの豊かな可能性が見えてくる！
学びの物語の保育実践
大宮勇雄 著
失敗をおそれず、チャレンジを楽しむ子どもたちに！ 新しい子ども観・発達観を内包した「学びの物語」を実践すると、保育も子どもも変わる。子どもたちの意欲を豊かに育み、「学び指向」の子どもを育てる、新しい保育の提案。 ●978-4-89464-144-0 A5判・本体1700円

●学びの物語シリーズ―待望の第2弾！
子どもの心が見えてきた
福島大学附属幼稚園＋大宮勇雄／他著
「学びの物語」で、保育者は何を学び、保育はどう変わったのか。子どもたちの「学びの構え」や豊かな意欲はどう育まれるのか。子ども理解の新しいアセスメントによる実践満載。日本保育学会文献賞受賞 ●978-4-89464-158-7 A5判・本体1800円

●実践につなぐ
ことばと保育
近藤幹生・瀧口優／他著
実践経験のある執筆陣が様々な角度から乳幼児の「ことば」にせまるテキスト。発達から保育内容としての歴史、早期教育・外国語教育などの現代の課題に至るまで、具体的な事例を豊富に交えて解説。 ●978-4-89464-159-4 B5判・本体2000円

●描く楽しさを子どもたちに
子どもの発達と描画活動の指導
田中義和 著
『ちいさいなかま』好評連載がついに単行本に！「描く楽しさ」をキーワードに、苦手な子をつくらない、0歳児から年長さんまでの描画活動の理解と指導の決定版。カラー作品も満載！ ●978-4-89464-166-2 A5判・本体2000円

●上尾保育所園児死亡事件の真相
死を招いた保育
猪熊弘子 著
この事件は特殊な事件ではない。小さな嘘、怠慢、思い込みとすれ違い……日々のひずみと積み重ねが子どもの命を奪うかもしれないことに気づいてほしい。命の重みを背負った保育の質を問う渾身のルポ！ ●978-4-89464-168-6 四六判・本体1600円

●21世紀の保育観・保育条件・専門性
保育の質を高める
大宮勇雄 著
I いま、保育観が問われる時代／II 市場原理と保育の質～質の悪化を招く、日本の保育改革／III 第三者評価・マニュアル化と保育の質／IV 保育の質研究が明らかにしたもの～21世紀の保育と保育者の専門性。 ●978-4-89464-097-9 A5判・本体1800円

●改訂新版 資料でわかる
乳児の保育新時代
乳児保育研究会 著
教科書として定評のロングセラーを指針改定後に大幅リニューアル。最新データをもとに発達からカリキュラムまで乳児保育のすべてをまとめた一冊。 ●978-4-89464-145-7 B5判・本体1800円

●格好の実践入門書
異年齢保育の実践と計画
林若子・山本理絵 編著
子どもたちに"安心"と"自己実現"を保障する、注目の異年齢保育。豊かなかかわりあいの中で心地よく育ちあう姿を、たくさんの実践事例で紹介し、一年間を見通した計画づくりを提案。 ●978-4-89464-154-9 A5判・本体1800円

〒113-0033 東京都文京区本郷 2-17-13-101
ひとなる書房
【表示価格税抜・別途消費税がかかります】
TEL 03-3811-1372／FAX 03-3811-1383